요즘 애들은 츤데레를 원한다

요즘 애들은 츤데레를 원한다

초판 1쇄 발행 | 2019년 4월 25일
초판 2쇄 발행 | 2020년 2월 20일

지은이 | 정지현
펴낸이 | 박상두
편집 | 이현숙
디자인 | 여혜영
마케팅·제작 | 박현지, 박홍준

펴낸곳 | 두앤북
주소 | 04554 서울시 중구 충무로 7-1, 506호
등록 | 제2018-000033호
전화 | 02-2273-3660
팩스 | 02-6488-9898
이메일 | whatiwant100@naver.com

값 | 14,000원
ISBN | 979-11-963592-6-3 03320

이 도서의 국립중앙도서관 출판예정도서목록(CIP)은 서지정보유통지원시스템 홈페이지(http://
seoji.nl.go.kr)와 국가자료공동목록시스템(http://www.nl.go.kr/kolisnet)에서 이용하실 수
있습니다.(CIP제어번호 : CIP2019014213)

회사의 미래를 좌우하는 리더의 밀레니얼 코칭

요즘 애들은
츤데레를
원한다

정지현 지음

두앤
북

아는 만큼 사랑할 수 있다

밀레니얼세대는 무엇을 생각하고 어떻게 느끼는가? 그들의 행동 이면에는 어떤 욕구들이 잠재해 있으며, 당차 보이는 모습 뒤에 어떤 두려움이 숨어 있는가? 그들을 있는 그대로 아는 것이 중요한 이유는 무엇인가?

알아야 이해할 수 있고, 배려할 수 있고, 잠재력을 이끌어낼 수 있다. 한마디로 아는 만큼 사랑할 수 있다. 모르면 그만큼 외면하거나 배척할 가능성이 높다. 사람의 뇌는 잘 모르는 대상을 두려워하거나 혐오하는 쪽으로 진화했다. 소수자에 대한 혐오와 차별의 뿌리도 여기에 있다. 함께 어울려 살려면, 같은 목표를 향해 나아가려면 아는 것이 먼저다. 리더들에게 여전히 낯선 존재인 밀레니얼에 대한 앎이 필수적인 이유다.

저자는 그동안 젊은 직장인들을 중심으로 코칭하면서 그들의 목소리에 귀 기울여온 사람이다. 그들의 속마음, 바람과 불만, 실망과 희망을 누구보다 잘 아는 코치다. 따라서 이 책은 일터의 주역인 밀레니얼에 대한 생생한 증언인 셈이다. 그들의 내면이 궁금한 기성세대는 물론 조직생활을 하는 직장인들에게 일독을 권한다.

고현숙 | 국민대 교수, 코칭경영원 대표코치

●

이 책은 머리가 아니라 발로 뛰며 가슴으로 쓴 책이다. 저자가 얼마나 많은 직장인들과 대화하고 리더들을 위한 코칭 프로그램을 진행했는지를 잘 알기에 하는 말이다. 그래서일까? 내용의 전개가 발랄하고 재미있다. 원고를 받자마자 단숨에 읽었다.

이 책은 밀레니얼과 선배 세대들의 연결과 통합을 시도한다. 서로 존중하며 재미있게 일하는 조직문화를 만들어보자고, 그럴 수 있다고 말한다. 서로 다르지만 같은 곳을 바라보는 선배들과 밀레니얼이 꼭 읽어야 할 책이다.

김종명 | 국민대 경영대학원 겸임교수, 리더십코칭연구소 대표코치

●

나는 X세대와 밀레니얼세대 사이에 절묘하게 걸쳐 있는 Y세대, 일명 '하프 꼰대'다. 두 세대를 절반씩만 이해하는 경계인의 어려움이 큰 세대다.

회사에서 점점 더 늘어나는 90년대생들과 일하며 복잡한 생각에 빠져 있을 때 저자를 만났다. 그들의 감성과 문화 코드, 커뮤니케이션 스타일 등을 중심으로 대화를 나누면서 문득 '나는 그들을 알기 위해 얼마나 노력했는가?' 되돌아보게 되었다.

이 책은 나와 비슷한 고민이나 의문을 가진 리더들에게 속이 후련해지는 시간이 되어줄 것이다. 밀레니얼이 원하는 리더의 자신감을 갖게 해줄 것이다.

김진규 | 하림그룹 (주)선진 인재개발팀 팀장

●

이 책을 읽으면서 한편으로 놀라고, 한편으로 반성했다. 까다롭고 독특한 존재로만 여겼던 밀레니얼세대가 추구하는 모습이 기성세대(X세대)의 그것과 다르지 않다는 사실에 놀라고, 겉으로 드러난 말과 행동만으로 그들을 판단하고 가르치려 들었던 기성세대의 한 사람으로 깊은 반성을 하게 되었다. 밀레니얼은 결코 어느 날 갑자기 나타난 '외계인'이 아니라 기성세대가 낳은 '지구인'이다.

유쾌하면서도 묵직한 책이다. 표현만 다를 뿐 기성세대와 밀레니얼이 기꺼이 수용하여 더불어 성장할 수 있는 가치의 방향과 소통에 새로운 눈을 뜨게 해준다.

노현구 | LG생활건강 조직문화부문 파트장

●

리더는 쉽지 않은 자리다. 성과도 올려야 하고 구성원들도 성장시켜야 한다. 그래서 리더들은 고민이 깊다.

구성원들의 마음을 어떻게 읽고 움직여야 하는가를 고민하는 리더들에게 풍부한 사례와 명쾌한 해법을 제시하는 오늘의 지침서다.

이승복 | KT DS 역량강화팀 차장

●

밀레니얼은 미래 그 자체다. 그들을 믿는 것은 곧 미래를 믿는 것이며, 세상의 중심이 된 그들을 이해하고 인정하는 것은 비단 성과 창출의 문제가 아니라 기성세대가 살아남기 위해 반드시 실천해야 할 생존의 과제가 되었다. 어쩌면 그것은 좋은 세상을 물려주지 못한 기성세대가 밀레니얼이 만들어갈 더 나은 미래를 믿으며 지금 쏟아야 할 마지막 노력일지 모른다.

이 책은 그런 의미에서 가치가 크다. 그들이 일터에서 추구하는 가치에 대한 통찰과 함께 미래를 만드는 실질적 방법을 알려주는 책이다.

이해원 | 정신과 전문의, 한국룬드벡 의학부 상무

●

'90년생 김밀레'의 이야기는 무릎을 치게 만든다. 세상의 리더들이 '밀레니얼과 제대로 함께 일하기'를 위해 알아야 할 7가지 비법도 구체적이다.

저편에 있던 밀레니얼이 이편으로 다가온 느낌이다. 막막한 리더들에게 현실적 해답을 선물해준 저자에게 감사드린다.

정강욱 | 러닝퍼실리테이터 대표

●

알다가도 모르겠는 밀레니얼세대와 리더들의 소통 다이어리! 아직은 '꼰대'이고 싶지 않은 모든 리더들에게 강력 추천한다.

최동호 | 두산인프라코어 HeavyBG HRBP

●

밀레니얼을 바라보는 저자의 따뜻한 시선이 나를 돌아보게 한다. 그들의 성장 배경과 경험에서 나온 그들만의 장점이 충분히 발현되기를 바라는 저자의 마음이 큰 울림을 준다. 그러면서 내가 현재 일하고 있는 모습은 어떠한지, 무엇을 중요하게 여기는지, 어디를 향해 가고 있는지 성찰하게 한다.
밀레니얼에 대한 이해를 넘어 좋은 리더로 성장하기 위해 필요한 관점, 커뮤니케이션 방식, 성과 관리와 직원 육성의 방법을 친절히 알려주는 책이다.

하지원 | ASML People Development 담당 차장

●

오늘을 사는 밀레니얼의 솔직한 고백과 요구, 그들과 함께 일하는 리더들의 고민과 바람 등 살아 있는 이야기가 흥미롭고 유익하다.
이 책을 읽으면서 X세대의 한 사람으로 이해받고 힐링되는 느낌이 들었다. 실용적인 코칭 대화, '82년생 김지영'과 '90년생 김밀레'의 콜라보는 특히 압권이다.

허성 | 삼성물산 리조트부문 인재개발 파트장

●

밀레니얼세대는 별종이 아닌 또 하나의 시기를 넘어가는 과정에 있는 사람들이다. 이 책은 그런 '요즘 것들'을 이해하고 공감할 수 있는 7가지 키워드와 해법을 다루고 있다.
프로젝트 매니저로, 코치로 최선을 다해온 저자의 경험과 성찰이 빼곡히 담겨 있다. 이 땅의 리더, 직원, 코치가 곁에 두고 읽어야 할 책으로 적극 추천한다.

황규태 | 타피루즈그룹 대표

여는글

요즘 애들은
'츤데레'를 원한다?

"왜 행사를 주말에 하나요?"

"시간 없는데 그냥 문자로 알려주시면 안 돼요?"

"저한테 창의적인 거 요구하지 말아주세요. 전 창의적이지 않아요."

일명 '요즘 것들'이 하는 말이다. 젊은 직원들이 거침없이 내뱉는 말에 리더들은 하나같이 어이없어 한다. 아무리 이해하려 애써도 그들의 당돌한 말과 행동은 낯설기만 하다. 리더들은 이렇게 반문한다.

"왜 저럴까?"

"쟤들은 어떤 마음으로 회사를 다니는 거지?"

"도대체 어디까지 맞춰줘야 하는 거야?"

요즘 리더들의 고민은 깊다. 삶도 고달프다. 불확실성의 시대, 저성장의 늪에서 성과도 올려야 하고 직원들도 성장시켜야 한다. 여기에 밀레니얼 세대가 대거 유입되면서 외계인과도 같은 그들의 마음을 움직여 함께 앞으로 나아가야 하는 문제가 또 다른 중대 과제로 떠올랐다.

코치의 길을 걷기 전, 직장생활을 하면서 가장 크게 느낀 점이 있다. 리더가 누구냐에 따라 일의 성과와 분위기는 물론 시행착오의 양과 질이 확연히 달랐다는 것이다. 누군가와 일하면 설사 힘들고 고되어도 배우는 기쁨이 있었고, 누군가와는 말조차 섞기 싫을 정도로 괴로웠다. 그 많은 터널을 지나오면서 소중한 깨달음을 얻었다. '내가 몸담았던 그곳, 지금 있는 이곳은 나의 현재와 미래 역량을 키워주는 실험실'이라는 사실이다.

밀레니얼세대는 현재의 직장에서 어떤 고민을 안고 있을까?

직장인들은 보통 3년, 6년, 9년 단위로 혹독한 사춘기를 겪는다고 한다.[1] 이는 '직장 3년차 코칭' 프로그램을 진행한 결과에서도 드러났다. 그들은 기업들이 요구하는 대로 착실하게 스펙을 쌓아 엄청난 경쟁을 뚫고 입사했지만, 현실은 기대 이하였다. 엄격한 위계질서, 권위적인 상사들, 뻔한 일들의 반복에 실망감이 쌓이면서 이직, 유학, 공무원시험, 결혼 등을 심각하게 고민한다. 뜨거운 열정으로 시작했지만 못마땅한 현실에 대한 자각이 고개를 든다.

'대체 언제까지 이렇게 살아야 하는가?'

누군가를 이해하는 데 그의 이야기를 듣는 것만큼 효과적인 것도 없다. 밀레니얼세대의 말을 들어보면 그들은 공통적으로 일방적인 지시와 통제에 거부감을 느낀다. 그 대신 자신들의 의견에 공감해주고 정서적으로 지원해줄 것을 요구한다. 이는 일방통행식 조직문화에 익숙한 리더들에게는 큰 도전이 아닐 수 없다. 그들이 "요즘 애들은 무슨 생각을 하는지 모르겠다", "어떻게 관계를 맺어야 할지 모르겠다", "전에는 통했던 방식이 요즘에는 안 통한다"고 하소연하는 이유다. 게다가 현재의 리더들이 익히 알고 있는 수평적 마인드와 리더십 스킬 또한 밀레니얼세대에게는 전혀 다른 의미로 다가간다.

4차 산업혁명 시대, 환경도 급변하고 사람도 확 바뀌고 있다. 똑똑하고 눈치가 빠르며 추구하는 세계가 다른 밀레니얼세대는 다른 차원의 리더십을 원한다. 얄팍하고 뻔한 스킬은 그들에게 통하지 않는다. 동기부여와 몰입을 이끌어내려면 기존의 방식이 아닌 다른 시각과 접근이 필요하다.

'츤데레'라는 말을 아는가? 일본에서 건너온 이 말은 '새침하고 퉁명스러운 모습'을 나타내는 '츤츤(つんつん)'과 '부끄러움'을 나타내는 '데레데레(でれでれ)'를 조합한 것이다. 다시 말해서 겉으로는 무뚝뚝하고 냉정해 보이지만 속마음은 친절하고 따뜻한 성향을 지닌 캐릭터를 가리킨다. 밀레니얼세대가 원하는 리더의 모습이 바로 이 츤데레에 가깝다. 츤데레 리더는 평소에는 무관심한 것 같아 보여도 필요한 순간에는 세심하게 도움을 주는 반전 매력의 소유자다. 구성원들의 일거수일투족에 연연해하지 않으며 취향을 존중하고 기다려준다.

이 책은 이 시대의 리더들이 어떻게 하면 밀레니얼세대와 더불어 더 좋은 성과를 낼 수 있는가에 대한 고민과 해법을 담고 있다. 특징을 간략히 소개하면 다음과 같다.

- 직접 인터뷰를 통해 밀레니얼세대의 행동과 말, 생각을 생생하게 담아냈다.
- 리더들과의 인터뷰를 통해 밀레니얼세대와 함께 일하면서 갖게 되는 고민을 기록했다.
- 이러한 과정에서 알게 된 중요 문제의식을 공유한다.
- 현장의 리더들이 보유하고 있는 작지만 강력한 노하우를 소개한다.

코칭을 하면서 다양한 사람들을 만났다. 30~40대 직장인들, 20~30대 사회 초년생들, 그리고 50~60대 중장년들을 만나 그들의 이야기를 듣고 처한 현실과 세운 목표의 갭을 메우기 위해 함께 노력했다. 지식과 경험, 생각과 목표, 지위와 능력이 모두 다른 그들과의 만남이 있었기에 이 책을 쓸 수 있었다. 인터뷰에 응해주고 자신의 이야기를 쓸 수 있게 허락해준 그분들께 진심으로 감사의 말씀을 드린다.

이 책을 읽고 밀레니얼세대가 가진 문화적 코드와 감성을 이해할 수 있기를 바란다. 이해를 바탕으로 리더들이 그들과 보다 편안하고 시원하게 소통할 수 있었으면 좋겠다. 그래서 다양한 세대의 구성원들과 함께 원하는 목표를 이루고 지속성장의 해답을 찾을 수 있기를 희망한다. 밀레니얼세대와 츤데레 리더가 손을 잡고 환호하는 모습을 보고 싶다.

정지현

차례

II 요즘 애들은 무엇으로 일하는가
밀레니얼이 추구하는 7가지 가치

오늘의 리더가 챙겨야 할 것들

그들은 늘 이상했다?

·

일터를 습격한 세대들의 전쟁

·

역사의 영원한 미스터리,
'요즘 애들'

하루는 초등학교에 다니는 아들이 투덜대는 말을 들었다. 5분이면 갈 수 있는 학교를 저쪽 아파트단지에 사는 친구들은 자기보다 더 빨리 갈 수 있어 부럽다는 것이었다. 그 말에 순간 발끈했다.

"야, 엄마는 너만 할 때 15분 이상 걸렸거든?"

그렇게 말하면서 30년 전 아버지 말씀이 떠올랐다.

"아빠 어렸을 때는 학교 가는 데만 1시간 넘게 걸렸어. 그것도 고무신을 신고 걸어서 말이야. 요즘 애들은 세상 좋아진 줄을 몰라."

순간적으로 떠오른 3대의 '학교 가는 길' 이야기에 피식 웃음이 났다.

사람은 누구나 자신이 살아온 대로 세상을 바라본다. 그러니 다른 세대가 서로를 이해하지 못하는 건 어쩌면 당연한 일일 수 있다.

단군 이래 가장 똑똑한 세대?

'좋았던 옛날 편향(good-old-days bias)'이라는 말이 있다. 과거는 보다 좋
게 기억하고, 현재의 변화는 더 나쁘게 보는 경향이 있다는 말이다.[2] 일종
의 왜곡이다. 이러한 인식의 문제는 세대와 세대 사이에서도 분명하게 드
러난다.

젊은 세대가 현재를 불평하고, 기성세대가 그런 젊은이들을 한탄하는
것은 전혀 새로운 모습이 아니다. 수천 년 전에도 있었고, 동서양을 막론
하고 있었다. 같은 시대에 태어나 중요한 사건들을 함께 겪은 세대와 그렇
지 않은 세대 사이에는 언제나 묘한 긴장감이 흘렀다.

4,000년 전 함무라비법전을 보면 "요즘 애들은 신을 공경할 줄 모르고
버르장머리가 없다"라고 쓰여 있다. 고대 그리스의 서사시 〈일리아드〉에
도 "고대의 장수들은 혼자서도 가뿐히 돌을 들어 적에게 던졌지만, 요즘
젊은이들은 두 명이서도 이 돌 하나를 들지 못할 정도로 나약하다"라는 내
용이 나온다.[3] 우리나라 역사에도 유사한 이야기가 있다. 조선시대 정조의
충신이었던 채제공은 젊은 유생이 옷을 제대로 갖추어 입지 않고 길빵(길
에서 흡연)하는 것을 나무라기도 했다(이것이 다른 유생들의 반발을 불러 더 큰 문
제로 비화했다).[4]

역사적으로 보아도 기성세대는 항상 자신들의 생각이 옳다고 생각했고,
젊은 세대는 그에 저항하고 비판했다. 그러면 우리 사회에서 현재의 기성
세대인 베이비붐세대(1953~1964년생)와 X세대(1965~1979년생)가 처음으로
사회에 발을 들여놓았을 때는 어땠을까?

"특권의식이 있고 나르시시즘에 빠져 있으며 자기 권리만 내세우는 데다 버릇없이 자랐으며 게으른 세대."(1968년 5월 〈라이프〉지가 베이비붐세대에 대해 묘사한 내용)

"이들은 회사 내에서 승진 사다리를 올라갈 바에야 차라리 히말라야산에 오르는 것이 더 낫다고 말한다. (중략) 직장을 구하고 결혼해야 할 시기가 돼도 그러한 통과의례를 거치기를 주저한다."(1990년 7월 〈타임〉지에 실린 X세대의 특징)[5]

X세대는 그 용어의 출발부터 흥미롭다. 1991년 미국의 더글러스 쿠플랜드가 《X세대(Generation-X)》라는 소설을 발표하면서, 풍요로운 환경에서 태어났으나 불황으로 미래에 대한 공포와 불안이 가득하고 자유분방한 세대를 X세대로 표현했다. 여기서 'X'는 기성세대들이 이해할 수 없는 세대라는 의미다.[6] 그리고 1980년에서 2000년 사이에 태어난 Y세대는 단순히 X세대의 다음을 뜻하는 용어가 되었다.

20세기가 끝나고 드디어 21세기의 문이 열렸다. 그것은 또한 새로운 천년의 시작이기도 했다. 이때 '밀레니엄시대를 연 세대'라는 의미로 '밀레니얼세대(Millennial Generation. 이하 밀레니얼로 통칭)'라는 용어가 쓰이기 시작했고, 천년의 시작과 더불어 성년이 된 그들은 단군 이래 가장 똑똑하고 문명화된 세대라 불리며 대한민국에서 가장 핫(hot)한 집단이 되었다.

젊은이들은 모든 걸 알고 있다?

새로운 트렌드와 문화를 이끌어가는 그들에게 '요즘 애들'에 대해 물어보면 어떤 답이 나올까? 실제로 인터뷰를 해보니 같은 밀레니얼이라도 대상에 따라 바라보는 시각에 차이가 있었다. 기업의 신입사원이 대학생을 대하는 시각, 대학생이 10대를 보는 생각이 서로 달랐다. 그들은 다양한 의견을 나타냈지만, 한 가지 공통점이 있었다.

'요즘 애들은 이상하고, 불안하며, 걱정스럽다.'

같은 시대를 살고 있는 그들도 세대가 다른 사람들이 보여주는 시각을 그대로 갖고 있다는 사실이 흥미롭다.

일찍이 세상과 인생의 이치를 터득한 문학가들은 세대 차이의 덧없음을 그들만의 스타일로 표현하기도 했다. 영국의 소설가 조지 오웰은 "각 세대는 저마다 자기 앞 세대보다 머리가 좋고 뒤 세대보다 좀 더 지혜로울 것이라고 상상한다"는 명언을 남겼고, 아일랜드 출신의 작가 오스카 와일드는 "노년에는 모든 것을 믿어버린다. 중년에는 모든 것을 의심한다. 젊은이들은 모든 것을 알고 있다"고 갈파했다. 정말로 통찰력이 빛나는 기막힌 표현이 아닐 수 없다.

일터는 어떻게 세대의
격전지가 되었을까?

저성장의 터널이 계속되고 높은 실업률이 해소될 기미를 보이지 않으면서 세대 갈등이 전과 다른 양상으로 전개되고 있다. 그전에는 살아온 경험과 추구하는 가치의 차이가 갈등의 주요 원인이었다면, 현재는 한정된 자원(국민연금 등의 사회보장제도 외에 지하철 좌석 같은 작은 것들까지[7])을 두고 두 세대가 으르렁대는 안타까운 모습을 보이고 있다.

회사에서 두 세대가 가장 많은 갈등을 일으키는 경우는 '회식'이다. 기성세대에게 회식은 업무의 연장이자 사회생활에서 빼놓을 수 없는 중요한 소통의 자리다. 평소에 나누지 못한 이야기, 속마음을 털어놓을 수 있는 기회다. 사람들은 회식을 통해 그동안 묵었던 감정을 풀기도 하고, 상사에게 새삼 충성을 다짐하기도 한다. 흥겹게 웃고 떠드는 직원들을 보며 상사는 팀워크가 참 좋다는 생각을 할 것이다.

그러나 밀레니얼에게 회식은 유쾌한 자리가 아니다. 나의 소중한 시간을 빼앗고, 상사의 비위를 맞추려고 마지못해 참석하는 자리, 말 그대로 '사라져야 할 악습'으로 여긴다. 얼마나 싫으면 소고기도 싫고 공짜 노래방도 싫은 이유가 회식 때문이라고 노래한 시(다 싫어, 최대호)에 그 많은 젊은 이들이 호응했을까.

물론 그런 직원들과 회식을 하는 리더들도 마냥 좋은 것만은 아니다. 어느 X세대 리더의 말이다.

"저 역시 옛날 방식의 회식이 참 싫었어요. 회식은 무조건 편해야 한다고 믿었죠. 그래서 젊은 친구들의 의견을 최대한 반영해야겠다는 생각으로 물어보니 요즘 뜨는 맛집으로 가자는 거예요. 들떠 있는 그들을 보며 저도 덩달아 신이 났죠. 그런데 막상 가보니까 이게 뭐죠? 걔들은 맛집에 가서 열심히 먹기만 하는 거예요. 얘기라고는 간혹 이 맛집, 저 맛집을 비교하거나 어떤 연예인이 다녀갔더라는 정도뿐이었어요. 진지한 얘기를 해볼 타이밍을 기다렸지만 실패했죠. 아, 회식은 뭘까? 진짜 심각하게 고민되더라고요."

아마도 많은 리더들이 공감할 것이다. 그런데 이 같은 세대 갈등이 회식 자리에서만 일어난다면 큰 문제는 아닐지도 모른다. 사실은 일과 관련된 거의 모든 부분에서 갈등이 일어난다. 업무를 주고받을 때의 태도, 소통 방식, 위기 상황에 대한 인식, 역할에 대한 의견 등 조직생활 전반에서 차이를 드러낸다. 출근에서 퇴근까지 하루의 대부분을 보내는 회사에서 맞게 되는 업무적 일상이 갈등의 도화선이 되는 것이다.

피할 수 없는 '액체 세계'의 갈등

세대 갈등의 문제는 늘 있었다. 하지만 우리가 직면하는 문제의 양상은 이전보다 더 근본적이고 심각하다. 이유가 뭘까? 변화의 속도 때문이다. 오늘은 어제의 그 모습이 아니다. 최근 수십 년 사이 세상은 완전히 달라졌다. 4,000년 전 함무라비법전 이후 이루어진 변화보다 더 많은 변화가 일어났다. 변화가 또 다른 변화를 일으키면서 가속도가 붙었다. 유럽의 지성으로 불리는 폴란드 출신의 사회학자 지그문트 바우만은 이와 같은 현대를 '액체 세계'로 표현했다. 그대로 가만히 멈춰 있을 수 없고 오랫동안 그 모습을 유지할 수도 없는 액체●처럼 모든 것이 계속해서 변한다는 뜻이다.

이처럼 달라진 세계에 미처 적응할 겨를도 없이 새롭고 낯선 것들이 자꾸만 등장하는 것이 지금의 일터에서 일어나는 현상이다. 실시간으로 고객의 반응을 확인할 수 있고, 몇 달을 준비한 프로젝트가 하루아침에 취소되는 상황이 벌어지기도 한다. 의사결정이 손바닥 뒤집듯 바뀌는 건 너무도 흔한 일이다. 정신없이 닥쳐오는 빠르고 복잡한 변화는 시행착오를 겪으며 일을 배우도록 기다려주지 않는다. 리더와 직원을 막론하고 각자에게 민감한 대응력을 요구하면서 문제가 생기면 서로 책임을 떠넘기도록 몰아가고 있다. 갈등이 커질 수밖에 없는 현실이다.

당연한 것은 이상한 것이 되었다!

갈등을 줄이는 가장 좋은 방법은 변화의 속도에 맞추는 것이다. 모든 것이 순식간에 바뀌는 환경에 맞게 조직도 개인도 보조를 맞추면 된다. 하지만 쉽지 않다. 쉬웠다면 혁신의 어려움을 토로하는 사람들도 없었을 것이고, 관련 도서들도 세상에 나오지 않았을 것이다.

회사생활을 해본 사람들은 안다. 조직이 얼마나 더디게 변하는지를. 우리의 조직은 전통적으로 조직의 성공이 곧 개인의 성공이라며 근면과 성실, 결속력을 강조해왔다. 물론 그것은 개인의 자율성이 아닌 수직적인 조직구조에의 충성을 최우선하는 문화였다. 환경이 급변하면서 수평적 조직문화를 외치는 이들이 주를 이루고 제도와 규정도 상당 부분 바뀌었다. 그러나 좀 더 깊이 들어가보면 기성세대에게 익숙한 논리와 문화가 그대로 남아 있다. 그들의 전통적 관념과 경험이 젊고 낯선 존재들의 상식과 정서를 관리하지 못하면서 각종 불협화음을 낳고 있다. 기존에는 '당연하고' '정상적'으로 여겨지던 것들이 요즘 세대에게는 '이상하고' '불합리하게' 인식되기 때문이다.

조직에서도 그렇지만 개인에게도 변화는 쉽지 않은 과제다. 세상일이 아무리 빠르게 돌아간다고 해도 내가 하는 일은 천천히 했으면 한다. 나의 여유와 자유를 방해하는 변화는 거부하고 싶다. 인간이라면 지극히 자연스러운 반응이다. 그러나 지나치게 자기 세계의 틀 속에 갇혀 자기중심적 사고를 하는 사람은 다른 사람과 소통하는 데 어려움을 겪는다.[9]

"내 말 알아들었겠지?", "저 사람은 틀렸어. 내가 옳아!", "아니, 내 말은···."

그들은 이렇게 자신의 생각과 주장을 앞세우고, 밀레니얼은 말이 통하지 않는 그들을 '꼰대'라고 부른다. 기성세대 역시 매사에 자기 입장만 내세우는 젊은이들을 '요즘 것들'이라고 말한다.

꼰대와 요즘 것들 사이의 거리는 금방 좁혀지지 않을 것이다. 하지만 좁혀야 한다. 리더와 밀레니얼, 회사의 미래를 위해 이해와 소통의 접점을 찾아야 한다. 그렇다면 무엇부터 시작해야 할까?

니들이
나를 알아?

세대 갈등을 주제로 진행하는 교육에서 많은 리더들이 말한다.

"왜 우리에게만 뭐라고 합니까? 열심히 일한 것밖에 없는데…. 요즘 애들도 우리 스타일에 맞춰줘야 하는 것 아닙니까?"

맞는 말이다. 어떤 관계든 일방통행은 곤란하다. 원활한 쌍방통행을 위해서는 서로를 이해하고 적절한 소통 방식을 공유해야 한다. 가장 좋은 방법은 상대가 살아온 세상과 겪은 일들을 알아보는 것이다.

군인정신으로 산업화를 이룬 베이비붐세대

현재의 조직을 보면 밀레니얼세대와 X세대, 베이비붐세대가 함께 일하고 있다. 2016년 ATD(Association for Talent Development, 미국인재개발협회)가 발표한 내용에 따르면 조직에서 밀레니얼이 차지하는 비율은 40% 이상이다. 이것이 2020년에는 50%, 2025년에는 75%를 넘길 것이라고 한다.[10] 조만간 베이비붐세대는 현업에서 은퇴하게 되고, X세대가 그들의 뒤를 이어 최고 경영진으로 올라설 것이다. 그리고 주축인 밀레니얼은 I세대(혹은 Z세대)를 새로운 식구로 맞이할 것이다. 이들은 어떤 환경에서 자랐고, 어떤 이야기들을 갖고 있을까?

우리나라에서 베이비붐세대는 1950년 한국전쟁 이후 출산율이 가장 높았던 시기에 태어난 사람들을 가리킨다. '58년 개띠'라는 말로 대표되는 그들은 배고픈 어린 시절을 보냈고, 오직 명령과 지시에 따라야 했던 군사정권 시기에 청소년기를 보냈으며, 사회인이 되어서는 고도 경제성장의 주역으로 맹활약했다. 그때를 살았던 어느 베이비붐세대의 말이다.

"그때만 해도 나라는 좀 어수선했지만 일할 기회는 참 많았어요. 학교에 대기업 직원들이 와서 서로 데려가려고 난리였죠. 대학생활 내내 술 마시고, 시위하고, 그렇게 시간을 보내도 취업하는 데는 큰 어려움이 없었다고 할까? 회사에 들어가서도 어려운 점은 많았지만, 해가 갈수록 승진하고 월급 늘어나는 재미에 살았죠."

영화 〈말죽거리 잔혹사〉는 베이비붐세대의 10대 시절을 잘 보여주는 영화로, 학교조차 힘을 가진 누군가의 권위에 따라 움직이는 조직이라는 사실과 그 안에서 복종하지 않으면 이탈할 수밖에 없다는 현실을 극적으로 묘사했다. 자연 집단주의적 성향을 지니게 된 그들은 사회인이 되어 일이 곧 삶인 시대를 살면서 부모를 봉양하고 자식들을 키웠으며, 같은 회사 사람들을 '식구'로 생각하며 가족주의에 충실한 인생을 보냈다.

"저는 30년간 영업만 했는데, 그땐 선배나 상사의 말에 무조건 따라야 했죠. 그들이 모든 권한을 쥐고 있으니 별 수 있나요? 토를 달았다간 혹독한 대가를 치러야 했지요. 욕하고 때리는 무식한 상사들이 얼마나 많았는지…. 커피와 담배 심부름은 예사고 근무시간에 사우나 가자고 하면 따라가야 했어요. 회식도 3차, 4차는 기본이었고요. 고달픈 일이 참 많았지만 퇴근하고 집에 오면 나만 바라보고 사는 처자식 때문에 입술 깨물고 회사에 다녔지요."

그런 면에서 베이비붐세대는 생존, 성취, 경쟁, 열정이라는 단어들과 잘 어울린다.

"직급이 대리였을 때 처음으로 해외 출장을 갔는데, 어찌나 신기하고 재미있었는지 몰라요. 엄청난 충격도 받았지요. 우리나라가 아직 갈 길이 멀구나, 해야 할 일이 참 많구나 하며 무거운 사명감을 느끼기도 했어요. 하루빨리 좋은 시스템을 도입해서 성과를 올려야겠다고 생각하고 말 그대로 회사에 뼈를 묻을 각오로 열심히 일했었지요."

88서울올림픽 30주년을 맞아 2018년에 방송된 특집 다큐 〈88/18〉을 보면 1988년 당시 권력의 중심부에 있던 허화평 씨가 말하는 장면이 나온다.

"한국이 언제 준비해놓고 제대로 한 일이 있는가? 일단 해놓고 길을 찾는 나라다."[11]

그의 말은 베이비붐세대의 결과중심적 마인드를 아주 잘 나타낸다. '하면 된다'는 군인정신으로 위에서 시키면 어떻게든 결과를 만들어 보고했다.

"오직 회사만을 위해 근면하고 성실하게 살았지요. 종이에 줄을 긋고 내용을 한 자 한 자 써서 보고서를 올리고, 도장 받으러 다녔어요. 지방에 공장 하나 짓고 나면 해외로 또 공장을 지으러 나가고. 그러다가 위기가 오면 직원들이 월급 내놓고 회사 살리기에 모든 걸 바쳤어요. 주인의식이라는 말이 그래서 나온 것 같은데, 요즘에는 주인의식을 가지라고 하면 직원들이 화를 낸다고 하니 세상이 정말 많이 변했어요."

그들은 인내와 노력이 부족하다, 아프니까 청춘이다, 젊어서 고생은 사서도 한다는 말에 젊은이들이 과민반응을 보이는 모습을 보고 겉으로는 웃어넘길지 몰라도 속으로는 씁쓸한 느낌을 지우지 못한다.

베이비붐세대는 지금 이미 은퇴했거나 은퇴를 앞둔 임원인 경우가 대부분이다. 젊을 때는 회사에 충성하느라 가족을 돌볼 여유가 없었고, 나이가 들어서는 변해버린 환경이 어색하고 불편하다. 아들딸들을 위해 청춘을 바쳤건만 그들과 함께하기가 쉽지 않다. 미래도 암담하다. 은퇴 후 어떻게 살아야 할지 고민이 깊다. [12,13]

"지루한 말씀이지만 그냥 듣고 있어요"

그렇다면 밀레니얼의 눈에는 베이비붐세대의 모습이 어떻게 비쳐지고 있을까?

우선 소통의 어려움을 호소하는 이들이 적지 않다.

"저희 상무님은 직접 얼굴을 맞대고 얘기하시는 걸 좋아해요. 간단한 건 그냥 이메일로 회신하셔도 될 것 같은데, 대면 보고를 선호하시니 결재를 받기까지 마냥 기다려야 해요. 시간을 낭비하는 느낌이에요. 막상 보고할 때면 특별히 하시는 말씀도 없고, 저도 무슨 말을 해야 할지 몰라 불편해요."

"직원들 이야기를 최대한 들어주려고 하고 얼리어답터처럼 뭐든 빨리 배우려고 노력하는 임원분들을 보면 '저래서 성공하시는구나' 하는 생각이 들어요. 반면에 어떤 분은 항상 인상을 쓰고 목소리만 높이니 다가가기가 힘들죠. '어떻게 저 자리까지 갔지?'라는 생각이 들어요."

대화 내용도 그렇다.

"저희 사장님은 존경할 만한 분이에요. 진짜 대단해요. 이쪽 업계에서는 신화 같은 존재랄까? 그런데 대화를 하다 보면 '멈추어 있는 시계' 같은 느낌이 들어요. 주로 당신이 가장 잘나갈 때의 이야기들을 해주시는데, 처음에는 신선했지만 자꾸 들으니 지루해요. 그때 그 시절에 갇혀 사시는 것 같아요. 조언이나 설명도 본인의 경험 이야기가 대부분인데, 솔직히 20~30년 전 내용이잖아요. 사장님이 말씀하니까 그냥 듣고 있어요."

리더들의 태도가 부담스럽다고 말하는 밀레니얼도 적지 않다.

"저희 전무님은 정이 많으시고, 팀워크를 굉장히 중요하게 생각하세요. 뭐든지 같이 해야 해요. 따로 밥을 먹거나 누가 빠지면 큰일 나요. 좋긴 한데 너무 네 편, 내 편을 가르시니까 다른 부서하고 일할 때 갈등이 생기기도 해요. 우리를 위한 말과 행동이 다른 직원들에게 편파적일 때가 있거든요. 본인은 우쭐해하시지만, 솔직히 수습은 저희가 다 해야 하거든요."

베이비붐세대와 밀레니얼세대의 이야기를 들어보면 두 세대 사이의 간극을 확인할 수 있다. 그럴 수밖에 없겠다는 생각도 든다. 하지만 그 간극은 좁혀질 수 없는 것이 아니라는 점도 분명하다.

위에서 치이고
아래에서 받히고

　베이비붐세대에 이어 등장한 것이 X세대다. 1990년대의 '젊은' 문화를 이끈 그들을 세상은 '신(新)인류'라고 불렀다. 그들을 한마디로 정의하긴 어렵지만 '개성'이나 '개인주의'와 같은 단어들로 설명할 수 있다. 그들은 배꼽티, 헐렁한 바지, 왕귀걸이 같은 아이템들을 걸치고 당당하게 거리를 활보했다. 인기리에 방영된 드라마 〈응답하라 1994〉는 이 같은 X세대 청춘의 모습을 아주 잘 그려내어 큰 호응을 얻었고, 영화 〈건축학개론〉 역시 X세대에게 깊은 울림을 주었다. 창피하지만 얄밉지 않은 영화 속 캐릭터 '납득이'에 공감하며 그 시절을 추억하는 이들이 많았다.

X세대 팀장님의 괴로움

1990년대는 오랜 군사정권이 막을 내리고 이른바 '문민정부'가 들어서면서 이전까지 금기시되었던 많은 것들이 해제되기 시작하면서 다양하고 화려한 대중문화가 젊은이들의 일상으로 들어온 파격과 혁신의 시대였다. 부모 세대보다 좋은 환경에서 성장한 X세대는 디지털과 첨단 기술들을 처음으로 접하면서 '남들과 다른 나', '차별화된 나'를 꿈꾸며 젊은 시절을 보냈다.

하지만 그 시간은 오래지 않았다. 자유롭고 화려한 청춘을 누렸지만 성인사회에 진입하거나 직장에 첫발을 내디디려던 시기에 사상 초유의 IMF 구제금융 사태를 맞으며 세상의 쓴맛을 보아야 했다. 경제난으로 구직은 힘들었고 성장의 깃발 아래 감추어져 있던 사회적 갈등이 폭발하면서 아픔과 상처의 시간을 보내야 했다. 쓰라린 경험은 X세대를 베이비붐세대와 다른 사람들로 만들었다. 조직이나 사회가 아닌 '나'에 초점을 맞추는 개인들로 변화시켰다. 맹목적으로 일만 하거나 조직에 대한 충성에 의미를 두지 않고 '나의 미래를 어떻게 할 것인가?', '내가 할 수 있는 것은 무엇인가?'를 자문하며 성찰하도록 만들었다. 능력과 목표에 따라 조직을 옮기는 것에도 거부감이 없어졌다.

"동료들이 능력에 따라 회사를 옮기는 것이 자연스러웠어요. 그렇지만 내부에서 '화제'가 되기도 했어요. 인생의 많은 것들이 걸린 문제이기도 하고, 능력을 좇아 나간 사람들을 부러워하는 한편으로, 그렇지 않은 사람들에게는 '실패의 낙인'을 찍은 것도 사실이었으니까요. 그런데 요즘은 퇴사가 유행인 것처럼 보여요. 우리 회사만 해도 신입사원 10명이 들어오면 반 이상은 2년이 채 되지 않아 나가버려요. 남아 있는 친구들이 별종 같을 정도예요."

당시를 회고하며 어느 X세대가 한 말이다. 이직의 양상은 다르지만 밀레니얼과 유사한 측면도 발견할 수 있다.

그러나 X세대는 집단주의로부터 자유롭지 못했다. 가부장적인 환경에서 자라고 위계질서가 뚜렷한 조직에서 생활한 세대이다 보니 개인주의와 더불어 집단주의의 가치를 수용해야 했고, 둘 사이의 묘한 균형점을 찾아야 했다. 그래서 그들은 지시대로 따르라는 선배들과 자기주장을 해달라는 후배들의 요구를 동시에 듣는 '끼어 있는 세대'가 되었다.[14,15]

"회사생활을 하면서 느끼는 소위 '형님 문화'나 '언니 문화' 같은 것이 좋지 않다는 건 잘 알고 있지만, 솔직히 저도 그 속에서 커왔던 것 같아요. 일할 때 상사에게 맞추면서 살았거든요. 배울 만한 분이 계시면 어떻게든 잘 보이려고 애썼고, 뭐든지 따라 하고 싶었고, 심지어 출근이나 퇴근 시간도 맞춰서 다니고, 상사가 바뀌면 또 바뀐 분의 스타일에 맞추기도 하고요. 얼마 전 저희 팀의 직원이 저보고 '너무 상무님 편에서만 이야기하신다'고 했을 때 솔직히 많이 놀랐어요."

"제가 회사생활을 시작할 무렵에 '서번트 리더십(servant leadership)'이라는 말이 유행했어요. 머리로는 당연하다고 생각했지만 실제로 보고 배운 것들은 그렇지 않았죠. 하지만 직접 나서서 문제 제기를 하기보다는 그냥 이상과 현실의 괴리라고만 생각했던 것 같아요. 조직의 결정이나 상사의 말은 무조건 따르는 게 미덕이었고, 결혼이나 출산과 같은 개인적인 일들은 회사에 누가 될까 봐 전전긍긍하며 회사를 다녔으니까요."

'낀 세대'의 고충을 짐작할 만하다. 그런 X세대가 이제는 모든 조직에서 핵심 리더가 되었다. 경영진이나 중간관리자로서 또는 해당 분야의 전문가로서 치열하게 살고 있다. 가정에서는 자녀교육이나 부동산 문제로 씨름하며 힘든 시간을 보내고 있다. 그러면서도 끊임없이 자기계발을 위해 노력한다. 여기엔 그들에게 내재된 불안감도 적잖이 작용한다.

"열심히 공부하고 일해서 여기까지 왔는데…, 솔직히 요즘 젊은 친구들의 스펙을 보면서 주눅 들 때가 있어요. 영어는 기본이고, 해외에서 학위를 받은 친구들도 흔하고요. '나는 정체되어 있는 것 같은데, 저 친구들이 리더가 되면 관계가 역전되겠구나' 하는 생각에 기분이 우울해지기도 하지요. '회사는 날 책임져줄 것 같지 않고, 앞으로 이 커리어로 뭘 하면서 살까?' 생각하다 보니 일에 더 매달리는 것 같아요. 어쩌면 저 같은 사람들이 변화를 막고 있는 게 아닐까요?"

X세대가 짊어진 삶의 무게는 가볍지 않다. 그래도 일과 삶의 균형을 추구하며 의욕적으로 살고자 한다. '영포티(young forty. 나이에 비해 젊게 사는 40대)'라는 용어에서도 알 수 있듯이 X세대는 트렌드에 민감하게 반응하고, 더 즐거운 인생을 찾아 나서며, 민주적인 가정을 만들기 위해 노력한다. 청년 시절의 개성을 중시하는 자유분방한 욕구가 여전히 살아 있는 것이다.

"멋있지만, 안 괜찮아 보여요"

X세대와 밀레니얼세대는 '나'를 중심으로 생각한다는 면에서 닮은 점이 있다. 다른 점은 밀레니얼이 자연스럽게 그 자체로서의 '나'를 내세운다면, X세대는 의식적으로 '나는 나'라는 점을 강조한다는 것이다. 그래서 두 세대는 비교적 잘 통하는 편이지만 소통의 한계를 드러내기도 한다.

밀레니얼이 X세대를 바라보는 시각은 단순하지 않다. 배울 점이 많다고 말하면서도 아쉬운 점이나 불만스러운 부분도 제기한다.

"저희 팀장님은 요즘 말로 딱 '걸크러시'예요. 되게 멋있죠. 카리스마도 있고, 생각도 열려 있고, 배울 점이 정말 많아요. 그런데 안타까운 마음이 들기도 해요. 워킹맘이신데 가정에서도 노동의 연속인 것 같아요. 승부욕이 너무 강해서 그런지 일에서도 절대 지지 않으려고 하고요. 본인은 늘 괜찮다고 하시는데, 하나도 안 괜찮아 보여요. 저렇게까지 살아야 하나? 팀장님을 보면서 결혼이나 아이를 가지는 것에 대해 다시 생각하게 돼요."

"'젊은 꼰대'라는 말이 있잖아요? 딱 저희 차장님 얘기인 것 같아요. 사무실에 오래 앉아 있는 게 미덕이라고 여기는 분이에요. 일을 끝내고 퇴근하려고 하면 '벌써 가는 거야? 나 때는 가라고 해도 안 갔다'는 말을 아무렇지 않게 하시는데 좀 어이가 없죠."

윗사람을 대하는 X세대의 모습에서도 밀레니얼은 이해하기 어렵다는 반응을 보인다.

"저희 팀장님은 디테일에 강하세요. '이렇게까지 세세하게 챙길 수 있다니…' 하면서 놀랄 때가 많아요. 아쉬운 점은 윗분들에게 필요 이상으로 잘 보이려고 하는 거예요. 도움을 준 부분이 있지만 분명 제 일이고 팀장님은 관리자로서 당연히 챙겨야 하는 부분인데, 보고할 때는 꼭 본인이 인정받을 수 있는 쪽으로 이야기를 해요. 업무에 대한 프라이드가 강한 건 알겠는데, 한편으로는 좀 유치해 보이기도 하죠."

"팀장님은 저보다 나이가 한참 많지만 유머 코드도 맞고 말을 잘해서 대화할 때마다 빨려 들어가요. 애로 사항도 잘 들어주시고, 상담하면서 많은 도움을 받아요. 그런데 임원분들이랑 있을 때는 달라져요. 눈치를 본다고 해야 하나? 늘 긴장하시는 것 같고…. 위에서 치이고 아래에서 받히는 모습을 볼 때마다 안타깝고, 도와드리고 싶어요. 제가 볼 때 윗분들은 조심스럽게 말하기보다 확실한 자기 의견을 원하는 것 같은데…."

나도 밀레니얼과 친해지고 싶다.
그런데…

리더들은 현재의 자리에 오르기까지 숱한 난관을 거쳤다. 그 과정에서 맡은 임무를 성공적으로 완수하고 사람들과의 관계를 원만하게 유지했다. 하지만 그들도 사람이어서 종종 한계에 부딪히고 절망감을 표시하기도 한다.

요즘의 리더들에게 가장 큰 고민거리 중 하나는 밀레니얼과의 관계 설정이다. 과거의 자신들과 너무도 다른 그들을 어떻게 이끌어 성과를 낼 것인지가 고민이다. 일과 조직에 몰입하기보다 개인의 삶을 더 중시하는 듯한 태도가 못마땅하고, 위아래 눈치를 보며 전전긍긍하는 자신들과 달리 자기 생각을 거리낌없이 표현하고 당당해하는 밀레니얼을 보며 야속한 마음이 들기도 한다.

"아니, 어떻게 일이 끝나지도 않았는데 퇴근할 수 있지요?"

"일을 맡겼는데 대놓고 못하겠다며 너무 당당하게 얘기하더군요."

"회사가 사활을 건 프로젝트를 앞두고 휴가를 내는 애들이 이해가 안 가요."

밀레니얼과 일하는 게 어떠냐고 물었을 때 대부분의 리더들이 털어놓는 고충이다. 하지만 밀레니얼은 함께 가야 할 사람들이기에 리더들은 그들과 친해지기 위해 나름의 노력을 기울인다. 그런데 이마저도 여의치가 않다. 가까이 다가가려고 하면 선을 긋고 벽을 세우는 그들을 보며 난감하기만 하다. 또 지시한 것만 해오는 바람에 나머지 일들은 리더의 일이 되고만다. 용기를 내어 지적하고 충고를 해도 진지하게 받아들이지 않는 태도에 괘씸한 생각까지 든다. 그럴 수 있다는 게 한편으로는 부럽기도 하다. 좀처럼 답을 찾을 수 없는 이 상황을 어떻게 하면 좋을까?

급변하는 세상에서 성공할 수 있는 사람은?

무엇보다 인식을 전환할 필요가 있다. 조직과 구성원들에 대한 시각을 바꾸어야 한다. 지금의 조직은 예전의 조직이 아니다. 강한 소속감을 가진 사람들이 열심히 일하는 견고한 왕국으로서의 조직은 더 이상 존재하지 않는다. 개인이 조직을 죽일 수도 살릴 수도 있는 시대다. 조직을 하나의 왕국으로 보지 말고 다양한 소수 부족이 어울려 지내는 집합체로 이해하고, 각 부족의 내밀한 욕구를 읽어내는 감수성을 발휘해야 한다. 리더의 권위로 구성원들이 일사불란하게 움직일 수 있다는 낡은 생각도 버려야 하고, 모든 것을 양보하고 맞춰주는 자세도 경계해야 한다. 세대차를 조직의 에너지로 바꿀 수 있는 방법 찾기에 골몰해야 한다.

린 C. 랭카스터와 데이비드 스틸먼은 《밀레니얼 제너레이션》이라는 책에서 이렇게 말한다.

"언제라도 직장에는 새로운 사람들이 나타나 기존의 체계를 흔들게 마련이며, 궁극적으로 어떤 세대라도 혼자서 큰일을 할 수가 없다."

"수많은 밀레니얼이 등장하고, 수많은 기존 세대들이 퇴직하며 급격하게 변화하는 세상에서 성공할 수 있는 사람은 끊임없이 배우고 융통성을 발휘하며 유머감각을 잃지 않는 사람들이다."[16]

기존 세대인 리더와 현 세대인 밀레니얼은 한배를 탄 운명의 공동체다. 차이에 주목하기보다 어떻게 시너지를 창출할 수 있을까에 집중하여 어떻게 변화할지 모르는 액체 세계를 함께 헤쳐나가야 한다.

알고 보면 같은 곳을 바라보는 '우리'

존중하고 배려해주는 리더
진심으로 나의 성장을 응원해주는 리더
마음이 따뜻한 리더
어려울 때 힘이 되는 리더

밀레니얼에게 '가장 따르고 싶은 리더상'을 질문했을 때 제일 많이 나오는 말들이다. 리더들은 어떨까? '당신이 되고 싶은 이상적인 리더상'에 대해 물으면 대부분 이렇게 답한다.

다양한 직원들의 가치를 인정하고, 도움이 되는 리더
어려움을 공감하고 지원해주는 리더
믿을 수 있고 의지할 수 있는 리더
언제든 따뜻하게 소통하는 리더

놀랍지 않은가? 다르게만 보았던 두 세대가 같은 생각을 하고 있다니! 밀레니얼이 원하는 리더상과 리더들이 되고 싶은 리더상은 결코 다르지 않다. 이뿐만이 아니다. 밀레니얼에게 '일하면서 가장 중요하게 생각하는 것이 무엇인가?'라고 질문하면 '일과 삶이 균형을 이루는 것', '일을 하면서 성장하는 것'이라고 말한다. 이는 기성세대들도 직장생활을 하면서 늘 꿈꿔온 가치가 아닌가.

사실 우리는 다르지 않다. 살아온 시대는 달랐지만 일터에서 추구하는 것은 비슷하다. 뜻을 같이하는 사람들과 좋은 관계를 맺고, 전문가가 되어 회사와 사회에 기여하고 싶어 한다. 궁극적으로 우리는 지금보다 더 나은 사람이 되고 싶은 사람들이다.

밀레니얼은 기성세대가 어르고 달래줘야 할 어린아이들이 아니다. 리더가 시키는 일만 하는 부하도 아니다. 더 나은 결과를 함께 만들어가는 파트너이고, 차세대 리더로 성장하기 위해 준비하는 사람들이다. 그리고 리더인 당신은 그들의 마음을 움직여 소중한 잠재력을 발휘하도록 이끄는 소명을 지닌 사람이다. '함께 한다'는 생각으로 밀레니얼을 대하고 보다 깊은 이해와 소통을 위한 노력을 멈추지 않는다면 당신은 분명 그들에게 특별한 리더로 기억될 것이다.

그러면 이제 리더로서 반드시 알아야 할 밀레니얼의 면면들을 좀 더 구체적으로 알아보자.

요즘 애들은 무엇으로 일하는가

·

밀레니얼이 추구하는 7가지 가치

·

90년생 김밀레

2019

　김밀레는 서른 살이다. 2018년 12월 31일 자정이 되는 순간, 온 세상은 새해를 맞이하는 갖가지 행사들로 시끌벅적했고, 김밀레는 자신이 키우는 고양이와 장난을 치며 놀고 있었다. 카톡에서 알람 소리가 들려 열어보니 엄마가 보낸 메시지가 떴다.

　"우리 딸! 서른 살 된 거 축하해! 새해에도 행복하고 즐거운 일 가득하길 바란다. 혼자 있어도 밥 잘 챙겨 먹어. 무엇보다 건강이 우선이야!"

　엄마는 문자와 함께 하트 모양의 이모티콘을 우수수 쏟아냈다.

　"ㅋㅋㅋ. 아니, 이 귀여운 것들은 다 어디서 났대? 서른이 뭐야 징그럽게. ㅋㅋ. 고마워요. 구정 때 봐~."

서른이라는 나이는 어떤 특별한 의미를 지니는 걸까? 한 해 한 해 나이를 세며 살아온 것도 아닌데, 엄마는 딸이 진짜 어른이 되었다고 생각하는 것 같다.

김밀레는 엄마와의 대화를 마치고 SNS에 들어갔다. 친구 미연이가 발리 해변에서 찍은 사진들을 올려놓았다.

'기지배, 남친이랑 헤어진다 어쩐다 하더니 휴가 내자마자 여행을 가? 발리! 아, 부럽다.'

또 다른 친구는 요즘 뜨고 있는 호텔에서 친구들과 파티하는 사진을 올렸다. 룸의 상태나 인테리어를 보니 꽤 비싼 곳인 것 같다. 여행과 파티로 행복해하는 친구들을 보며 아무렇지 않았던 김밀레는 살짝 배가 아파오기 시작한다.

"이렇게 20대의 마지막 밤을 또 집순이로 보내는구나. 냥아, 언니는 왜 이러고 있을까?"

그동안 눈팅만 해오던 여행사 앱에 다시 들어가보았다. 성수기라 그런지 티켓 값이 너무 올랐다.

1990~2008

김밀레는 1990년 4월, 지방의 대도시에서 태어났다. 부모님은 결혼 후 얻은 첫딸의 탄생에 감격했지만, 그해는 우리나라의 성비 불균형이 가장 심각한 때였다. 훗날 어떤 교수는 어느 언론 인터뷰에서 현재의 저출산 현상은 남자 아기만 낳으려는 남아선호사상이 부메랑으로 돌아온 것이라고 말하기도 했다.[17] 하지만 김밀레는 세상에서 말하는 성비 불균형을 실감하지 못했다. 여자 아이들이 귀해서 남자 아이들끼리 짝꿍을 하는 경우가 많았다는 것 외에는 별다른 느낌이 없었다.

초등학생 김밀레는 조용하고 차분했다. 친구들에게 먼저 다가가기보다는 말을 걸어주는 친구들과 가까워졌다. 마음에 맞는 친한 친구들과 우정반지를 나눠 끼고 '버디버디'라는 채팅프로그램으로 수다를 떨고 고민을 주고받았다. 2002년 한일월드컵이 열렸을 때는 친구들과 함께 붉은악마 티셔츠를 맞추어 입고 아파트단지 사람들이 함께 하는 단체 응원전에 참여하여 난생 처음으로 가장 들뜨고 흥분된 시간을 보내기도 했다.

김밀레에게는 회사원인 아버지와 전업주부 엄마, 그리고 두 살 터울의 남동생이 있었다. 부모님은 남매에게 아낌없는 사랑을 주었고, 휴일이면 밖으로 데리고 나가 새로운 것들을 구경시켜주었다.

엄마는 여느 엄마들보다 두 남매의 교육에 열성적이었다. 남매가 관심을 보이면 그게 무엇이건 먼저 알아봐주었고, 학교 임원회의에도 적극적으로 참여했으며, 주변 엄마들과의 관계도 돈독하게 하려고 노력했다. 그렇게 교육열은 높았지만, 남매에게 '이것을 배워야 한다'거나 '저것을 꼭 해야 한다'는 등의 강요는 하지 않았다. 항상 김밀레의 생각을 우선했고, 아버지와도 늘 상의했다. 딸에게 새로운 무언가를 배우게 할 때에도 "네가 하고 싶으면 해. 선택은 네가 하는 거야. 대신 금방 그만두면 다시는 기회가 없을지도 몰라"라고 말하며 먼저 생각해볼 수 있는 기회를 주었다. 엄마의 배려하에 김밀레는 피아노, 수영, 미술, 영어, 바이올린 등 그 나이 또래의 아이들이 배울 수 있는 거의 모든 것을 경험했다.

김밀레의 사춘기는 비교적 평범하고 조용하게 지나갔다. 일탈이라면 동방신기의 압도적인 무대를 보고 나서 유노윤호의 팬이 된 정도였다. 동방신기의 팬인 친구들과 좋아하는 멤버들을 놓고 경쟁하기도 하고 싸이월드 미니홈피로 전국의 유명한 카시오페아(동방신기 팬클럽) 회원들과 1촌을 맺는 열성을 보이기도 했다.

대학 진학을 앞두고 김밀레는 또래들과 같이 입시 전쟁에 돌입했다. 부모님은 김밀레에게 인강(인터넷 강의)을 들을 수 있게 최신 PMP를 사주셨고, 어느 학원의 어떤 강사가 괜찮은지를 직접 알아보셨다. 부모님과의 소통 수단은 핸드폰이었다. 자신이 어디에서 무엇을 하는지 핸드폰으로 알리고, 친구들과는 문자로 이야기를 나누었다.

당시 아버지는 다니던 직장을 그만두고 사업을 준비 중이었다. 사업이 생각했던 것만큼 잘 풀리지 않는 것 같았지만, 부모님은 아무 일도 없는 것처럼 행동했다. 오히려 걱정하는 김밀레에게 이렇게 말했다.

"엄마 아빠는 괜찮아. 무슨 일이 있어도 너희 뒷바라지는 해줄 테니까 필요한 거 있으면 얘기해."

자신을 위해 헌신하는 부모님을 보며 김밀레는 생각했다.

'대학에 들어가면 내 힘으로 다닐 거야. 더 이상 엄마 아빠 고생하시는 걸 두고 볼 순 없지.'

2009~2013

김밀레는 서울에 있는 모 대학의 컴퓨터공학부에 진학했다. 특별히 컴퓨터를 잘하거나 좋아서가 아니라 점수에 맞고 나중에 취업도 잘 될 것 같아 담임선생님의 추천을 받고는 바로 결정했다. 입시 결과는 많이 아쉬웠지만 재수할 생각은 없었다. 힘겨웠던 입시가 자기 인생의 마지막 경쟁이기를 바라며 고등학교를 졸업했다.

대학생활의 시작은 좋은 추억이 아니었다. 신입생 오리엔테이션에서 장기자랑을 준비해야 했는데 조용하고 내성적인 김밀레에겐 고역이 아닐 수 없었다. 낯선 서울, 마음에 들지 않는 대학, 200명이 넘는 동기들 틈에서 김밀레는 외롭고 힘든 시간을 보냈다.

김밀레는 비싼 등록금과 용돈을 벌기 위해 알바(아르바이트)를 시작했다. 1학년 여름방학 때부터 다양한 종류의 알바를 섭렵했다. 백화점 판매원, 편의점 계산원, 호프집 서빙, 과외, 대학 행정실 사무보조 등으로 큰돈을 모으진 못했으나 용돈과 하숙비를 충당하기에는 무리가 없었다. 고약한 어른들과 진상 고객들 때문에 힘들기도 했지만 그래도 꾹 참고 하다 보니 나중에는 신입 알바생들을 가르치는 역할도 맡게 되었다.

같은 동아리에서 만난 남학생과 연애를 시작한 김밀레는 연애를 통해 알 수 있는 모든 희로애락을 맛보았다. 연애 시절은 길지 않았다. 짧고도 열렬했던 사랑에 실패한 김밀레는 휴학을 결심하고 부모님이 계시는 고향으로 내려갔다. 그렇게 해서 고단했던 20대 초반의 삶을 부모님의 사랑으로 치유할 수 있었다. 휴학의 여유를 이용해 친구들과 여행도 다니고 해외로 단기 어학연수도 다녀왔다.

　나름 만족스러운 재충전의 시간을 보내고 복학한 김밀레는 누구보다 열심히 학교생활을 했다. 장학금을 타기 위해 밤낮없이 공부했고, 대기업 입사를 목표로 스펙 채우기와 취업 스터디, 인턴 모집 응시에 열을 올렸다. 같이 공부한 동기들의 진로는 다양했다. 교사가 되려고 임용고시를 준비하는 친구도 있었고, 공무원시험 공부에 매달리는 친구도 있었다. 이 땅에는 답이 없다며 해외로 훌쩍 뜬 친구도 있었다.

　대학을 졸업한 김밀레는 초조했다. 뜻대로 취업이 되지 않았던 탓이다. 스터디를 같이 한 멤버들이 하나 둘 직장을 잡아 떠나는 모습을 보며 점점 더 불안해졌다. 기업들이 요구하는 웬만한 조건은 모두 갖추었는데도 매번 서류에서 떨어지니 세상이 야속하기만 했다. 잠시 대학원을 갈까도 생각했지만 스스로 벌어서 공부할 엄두가 나지 않았고 부모님에게 손을 벌리고 싶지도 않았다.

　길고 긴 취업 준비의 끝은 대기업이 아닌 중견 IT회사였다. 대학 진학 때도 그랬듯이 더 이상의 시간 들이기는 무의미하다고 판단한 김밀레는 여전히 대기업 입사에 목을 매는 동기들을 뒤로하고 빨리 경력을 쌓아 대기업으로 가겠다고 마음을 먹었다.

2014~2018

　회사는 규모가 꽤 크고 안정적이었지만 분위기는 수직적이고 업무 강도는 살벌할 정도였다. 실리콘밸리에서 볼 수 있는 자유분방하고 멋진 스타일은 홈페이지에서나 기대할 수 있는 일이었다. 이미 회사에 대한 정보를 알아보아 어느 정도 예상은 했지만 실제로 마주한 현실은 더 차갑고 딱딱했다. 신입사원이라는 이유로 온갖 잡일들이 쏟아졌고, 매일 밤 9시를 넘겨 퇴근하다 보니 취미생활을 하거나 친구들을 만나기가 어려웠다. 빠르게 변화하는 IT기술이 쏟아져 나오면서 회사는 늘 정신없고 분주했다.

빠르게 돌아가는 세상에서 세상과 상관없는 일들에 둘러싸인 김밀레는 묵묵히 주어진 일들을 수행했지만, 존재감은 약했다.

'나는 왜 항상 처음이 힘들까?'

김밀레는 꽉 막히고 비전 없는 회사에서 사축(회사의 가축처럼 일하는 직장인이라는 뜻의 신조어)처럼 사는 자신의 무력함이 싫어졌다. 이러다가 정말 자존감이 말라버릴 것 같다는 위기의식마저 들었다.

회사에 들어간 지 1년쯤 되었을까. 회사 대표와 임원들이 횡령죄로 구속되는 사건이 벌어졌다. 말 그대로 난리가 났고, 직원들은 크게 동요했다. 일도 싫었지만 이렇게 비도덕적인 회사에 더 이상 다닐 이유가 없다고 생각한 김밀레는 퇴사를 결심했다. 사표를 냈을 때 상사가 보인 태도는 그나마 남아 있던 정나미마저 떨어지게 만들었다. 경력 1년은 어디서도 인정받지 못한다며 으름장을 놓은 것이다. 직원의 미래를 걱정해주는 차원이 아니라 당장 본인이 힘들어지는 게 싫어서 짜증을 낸 것이었다.

퇴사 후 김밀레는 재취업을 위해 어학 공부를 하고, 휴식 겸 해외여행을 다녀왔다. 백수로 지낸 지 두 달이 지날 무렵, 한 대학 선배가 두 번째 회사를 소개해주었다. 모 대기업의 협력사로 IT시스템을 개발, 운영해주는 꽤 알려진 회사였다.

두 번째 회사는 첫 직장보다 모든 면에서 나았다. 업무 시스템이나 사원 복지가 대기업 수준이었고, 특히 오류를 파악해서 바로바로 대응하며 문제를 해결하는 선배들의 모습이 멋져 보였다. 김밀레는 의욕이 생겼다. 이 회사에서는 경력을 오래 쌓아야겠다며 특유의 성실함과 긍정성을 무기로 열심히 일했다. 상사는 그런 김밀레에게 고객사와 직접 소통할 수 있는 기회를 늘려주었다.

어느덧 김밀레가 프로페셔널한 커리어 우먼으로 한 단계 성장했다고 느낄 즈음, 경영진이 바뀌면서 회사에 큰 변화가 닥쳤다. 새로 부임한 CEO는 자신이 데리고 온 사람들로 자기 입맛에 맞게 조직을 개편했고, 김밀레는 원치 않는 부서로 이동발령을 받았다. 실망이 컸던 김밀레는 발령의 이유와 기대하는 역할에 대해 물어보았지만 속 시원한 답을 들을 수 없었다. 정작 더 화가 났던 것은 당당하지 못한 자신의 모습이었다. 어떤 일을 하고 싶은지, 개인적인 비전은 무엇인지 자신 있게 말하지 못하는 자신이 한심해 보였다. 게다가 떠밀리다시피 가게 된 부서의 동료들도 마음에 들지 않았다. 텃세를 부리는 것 같았고 비협조적으로 나왔다. 맡은 일도 처음 해보는 것이어서 실수의 연발이었다.

다시 무기력감이 고개를 들었다. 자신의 무능을 탓하며 하루 종일 시키는 일들을 처리하는 가운데 견제하는 동료들 사이에서 긴장되고 힘든 나날이 이어졌다. 유일한 힐링은 휴일에 고양이와 놀거나 밤새 미드를 시청하는 정도였다.

서른을 앞둔 김밀레는 많이 지쳐 있었다. 연말 평가 면담도 실망스럽기만 했다. 이 회사에서 '있어도 그만, 없어도 그만인 존재'라는 느낌을 받았기 때문이다. 팀장이 잘하는 것과 부족한 것에 대해 조언해주었지만 너무뻔하고 형식적인 말들뿐이었다. 무엇이 문제이고 어디서 잘못되었는지 알고 싶었지만 감이 잡히지 않았다. 일에 집중할 수 없었고, 딱히 갈 곳이 있는 것도 아니었지만, '여기는 아니다'라는 생각만 맴돌았다. 퇴근하고 집에가면 퇴사와 관련된 책을 읽거나 취업사이트를 들어가 보는 것으로 하루를 마무리하게 되었다.

크리스마스를 앞두고 김밀레는 팀장에게 면담을 요청했다. 회사를 그만두고 싶다고 말하자 팀장이 의아하다는 듯 물었다.

"김 대리, 그동안 별 말이 없어서 잘 지내는 줄로만 알았는데, 아니었어? 갑자기 왜 그래?"

2019

설렘은커녕 복잡한 심경으로 새해를 맞이한 김밀레는 어느 여행사 앱에서 특가로 뜬 티켓을 발견했다. 크로아티아! 그렇게도 가고 싶어 했던 곳, 오래전 버킷리스트에 담아두었던 그곳. 김밀레는 이거다 싶었다. 회사생활을 할 때는 꿈도 못 꾸었던 유럽 여행을 드디어 갈 수 있겠다는 생각이들었다. 사표를 던지고 나면 시간도 생기도 퇴직금도 들어온다. 김밀레는갑자기 가슴이 뛰는 것을 느꼈다. 재빨리 스마트폰을 열었다.

"엄마, 자? 나 회사 곧 그만둘 것 같아. 나랑 여행 갈래?"

요즘 애들은
무슨 생각으로 살까?

'90년생 김밀레'는 소설 《82년생 김지영》[18]의 형식을 빌려 밀레니얼이 자라온 환경과 부모의 양육 방식, 10대와 20대를 거치면서 형성된 밀레니얼의 생각과 특징을 묘사한 것이다.

실제는 어떨까? 그들의 이야기를 듣기 위해 진행한 인터뷰에서 대부분은 자신들의 특성으로 거론되는 것들(대체적으로 부정적인 평가들. 개인주의 성향, 조직에 몰입하지 않는 태도, 비판에 민감한 모습 등)에 대해 부인하기보다는 "맞아요. 제 친구들도 다 그래요"라고 수긍했다. 그러면서도 전형적인 밀레니얼의 특성들을 모두 갖고 있지는 않다고 말했다. 대체로 동의하지만 자신과 일치하지는 않는다는 것이다. 어찌 보면 당연한 반응이다. 한 세대를 어떤 특성으로 표현할 수는 있지만 그 특성이 세대 전체에 그대로 적용

될 수는 없다. 개인의 성향이나 가치관, 가족의 영향 등이 저마다 다르기 때문이다.

그렇더라도 밀레니얼은 다른 세대와 다르게 그들만의 공통적인 가치와 특성이 있다.

부장들은 모르는 직원들의 마음

대기업의 부장들을 대상으로 조직문화를 혁신하기 위한 워크숍을 진행한 적이 있다. 관련 설문조사 결과를 보면서 어떻게 개선하면 좋을지 의견을 나누는 자리였다.

먼저 결과에 대해 상사들과 직원들이 어떤 느낌과 생각을 가지고 있을지 유추해보는 활동을 진행했다. 부장들은 자신의 상사가 보일 반응에 대해서는 구체적으로 빼곡하게 작성한 반면, 직원들에 대해서는 엉성하고 빈약하게 기술했다.

"윗사람의 반응은 뻔히 보이는데 직원들은 잘 모르겠네."
"우리가 너무 위만 보고 살았나봐."
"나는 요즘 아래만 보고 살아. 얼마나 눈치가 보인다고."
"모르니까 눈치 보는 거야. 요즘 애들은 무슨 생각으로 일하는지 도대체 알 수가 없어."

그렇다. 윗사람들은 아랫사람들을 잘 모른다. 밀레니얼에 대해서는 더 모른다. 그런 리더들을 위해 '밀레니얼이 일터에서 추구하는 7가지'를 제시한다. 세대 연구자, 심리학자, 사회학자의 견해는 물론, 컨설팅펌의 연구자료 등 다양한 결과들을 참고했으며,[19] 30여 명의 밀레니얼 직장인을 대상으로 심층 인터뷰를 실시했다. 일반적으로 밀레니얼은 1980~2000년 사이의 출생자들을 지칭하지만, 여기서는 밀레니얼의 특성을 보다 뚜렷하게 보여주는 1985년 이후의 출생자, 직급으로는 신입사원부터 과장 직급을 대상으로 삼았다.

　그동안 이루어진 의미 있는 연구와 현장에서 만난 사람들의 이야기들을 따라가다 보면 우리가 만나는 밀레니얼이 새롭게 보이고 이해의 폭과 깊이를 더하게 될 것이다. 또한 밀레니얼과 함께 일하는 리더들의 생각을 함께 들어봄으로써 어떤 부분에서 세대 간의 차이가 소통을 가로막고 있는지, 어느 지점에서 공감할 요소를 찾을 수 있는지 알게 될 것이다.

밀레니얼이 일터에서 추구하는 7가지

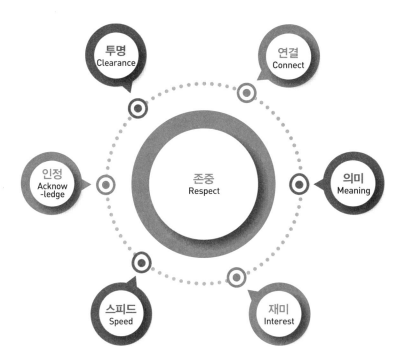

있는 그대로 봐주세요

밀레니얼세대의 등장을 대중적으로 널리 알린 것은 2013년 미국의 시사 잡지 〈타임(Time)〉이 게재한 'Me Me Me Generation(나나나 세대)'이라는 제목의 기사였다. 세대 전문가인 진 트웬지는 자기중심적이고, 나르시시스트며, 어디로 튈지 모르는 그들을 'Me Generation 세대'라고 명명했다.[20]

밀레니얼을 나타내는 핵심 단어가 바로 'Me'다. 그들은 '나 중심적'이다. 그래서 '이기적이다', '남을 배려하지 못한다'는 소리를 듣기도 한다. 그들의 자기중심적 성향 때문에 겪어야 했던 난감한 상황들을 떠올리는 리더들이 적지 않을 것이다. 그런데 정작 그들은 '존중받기'를 원하고 있었다.

자기중심적인 밀레니얼과 인터뷰를 하면서 가장 많이 들었던 단어가 '존중'이었다. 개인의 존재 자체를 그대로 인정하고 배려해달라는 의미다.

그들은 어떤 배경이나 소속으로 규정되는 것을 거부하고, 자신이 살아온 삶과 욕구, 취향이 그대로 받아들여지기를 원한다.

밀레니얼의 부모들이 자녀를 양육할 때 가장 중시한 것도 '자아존중감(self-esteem)'이었다. 자녀 스스로 소중한 존재이며 유능하다고 믿는 긍정적 인식을 심어주려고 노력했다. 대부분 베이비붐세대로 삶의 목표를 이루기 위해 남들과 경쟁하며 성취를 열망했지만, 자녀에게는 협력과 수평적 가치를 가르치면서 필요로 하는 모든 것을 지원해주는 역할을 당연시했다.

경험의 강도는 다르지만 밀레니얼도 부모 세대처럼 입시를 비롯한 경쟁의 스트레스를 견디며 자랐고 권위적인 선생님들로부터 상처를 받았다. 그러나 부모의 고단한 일상을 간접적으로 체험하고 과정보다 결과를 중시하는 문화가 낳은 사회의 모순들을 목도하면서 기존의 방식으로는 성공도 행복도 기대할 수 없다는 것을 깨달았다. 자연스레 그들은 내가 원하고 추구하는 것이 분명하다면 남들이 어떻게 생각하고 평가하든 개의치 않는 '개인'들로 성장했다.

"저는 고등학교 때부터 이 분야에서 일하겠다고 마음을 먹었어요. 전공도 그렇게 선택했고요. 그런데 막상 회사에 들어와 보니 기대했던 것과 다른 부분이 많아서 힘들었어요. 지금은 제 사업을 준비하고 있어요. 어렵다는 것도 잘 알고 실패할 수도 있겠지요. 그렇지만 주어진 일을 하는 것과 내가 만들어서 하는 일의 차이가 어떤 것인지 확실히 알기에 후회는 없을 거예요."

"저는 3년 일하고 1년 휴식기를 갖고, 또 3년 일하고 1년 휴식기를 가지려고요. 평생 그렇게 살고 싶어요. 실제로 1년 쉬고 회사에 들어갔을 때 훨씬 더 몰입이 되고, 능률적이라는 것을 체감했거든요."

그들은 또한 원하지 않은 누군가의 충고나 조언은 무례하고 불필요하다고 여긴다. 내 것, 내 생각, 내 시간, 내 감정, 내 인생이 가장 중요하므로, 이를 그대로 존중해주는 사람들과는 좋은 관계를 가지지만 그렇지 않은 사람과는 거리를 둔다.

조직의 권위에 반기를 들다

자기존중은 밀레니얼만의 이야기는 아니다. 요즘 사람들은 누구나 자기중심적으로 생각하고 행동한다. 미국의 사회학자인 폴 로버츠는《근시사회》에서 사람들은 물질적으로 더 풍요로워지고 선택할 것이 많아질수록 자신의 욕구를 더 표출하며, 다른 사람들과 사회로부터 자신의 영역을 존중받기를 원한다고 썼다.[21] 그러나 위계와 역할이 분명한 회사에서 개인이 어떻게 자기존중을 추구하는가에 대해서는 기성세대와 밀레니얼세대 간에 차이가 존재한다.

회사는 개인들이 각자의 역할을 통해 공동의 목표를 이루어내는 조직이다. 성과를 내는 과정이 항상 아름다울 수는 없다. 때로는 구성원들의 헌신을 필요로 할 때도 있다. 이때 기성세대는 조직에 불합리한 면이 있어도 스스로 내재화하며 자기존중의 욕구는 한쪽으로 밀어두고 조직의 결정에 따르는 선택을 했다. 밀레니얼은 아니다. 조직의 권위와 지시에 의문을 제기하고 더 존중받으며 일할 수 있는 환경이 갖추어지도록 자신의 목소리를 낸다.

　밀레니얼은 언제 존중받지 못한다고 느낄까? 불필요한 간섭을 받을 때, 일방적인 업무 지시를 받을 때, 개인적인 취향이나 성향에 대한 비판을 받을 때다. 그럴 때 좌절감과 상실감에 빠지고, 마음을 닫아버린다. 그리고 심리적 안정감을 되찾기 위한 다양한 방법들(명상, 운동, 심리검사, 독서 등 힐링을 도와주는 활동들)을 찾아 나선다. 미래보다는 현재의 안락을 더 중시하는 것이다.

"내가 원하는 행복과 성공은 따로 있어요"

　'일과 삶의 균형(Work and Life Balance)'을 추구하는 사람들이 늘면서 이 말의 영문을 줄인 '워라밸'이 유행어처럼 쓰이고 있다. 주 52시간근무제가 시행되면서 기업들도 가장 효율적으로 일할 수 있는 시스템을 마련하고자 애쓰고, 눈치성 야근이나 쓸데없는 잔업을 줄이기 위한 방안을 고민하고 있다. 그런데 리더들은 워라밸의 가치에는 공감을 표하면서도 수많은 일들이 벌어지는 직장에서 시간을 무 자르듯 나누어 관리하는 것이 어렵다고 말한다.

　"워라밸은 중요해요. 예전엔 쓸데없이 야근하는 문화가 심했지요. 그런데 문제는 이 친구들이 너무 워라밸 워라밸 하면서 6시 땡 하면 가려고 한단 말이에요. 직장을 단지 '근무는 8시간'이라는 틀로만 보려고 하는 점이 아쉬워요. 개인의 삶, 취미생활, 다 인정하지만, 어떤 일은 깊이 고심하고 찾아보고 스스로 질문을 해봐야 겨우 한 걸음 나아갈까 말까 하는데 말이에요."

"요즘 젊은이들은 워라밸 안에 '일 = 삶'이 딱 자리 잡고 있는 거 같아요. 실은 '='이 아니고 오히려 삶 쪽으로 부등호가 향해 있는 느낌이에요. 저희 사장님은 이해를 못하시죠. '일이 곧 삶 아니냐. 그걸 왜 구분하고 따지느냐고 하시죠."

밀레니얼의 생각은 다르다. 그들도 인위적인 시간제한으로 혼란을 경험하고, 업무량에 비해 턱없이 부족한 시간 때문에 집에서 일하는 웃픈(웃기고 슬픈) 상황에 놓이기도 하지만, 워라밸을 적극 찬성한다. 그들은 무조건 일찍 출근하고 늦게 퇴근하는 것이 근면함을 증명한다는 상사들의 생각에 반기를 든다. 장시간 노동은 건강을 해칠 뿐 아니라 가정을 소홀하게 하고, 결과적으로 업무 몰입도를 떨어뜨린다고 주장한다.

밀레니얼은 주어진 근무시간에는 집중해서 일을 마무리하고 이후에는 개인의 삶을 영위하고자 하는 욕구가 강하다. 행복과 성공의 기준이 자신에게 있기 때문이다. 대학내일20대연구소의 〈2018 밀레니얼세대 행복 가치관 탐구 보고서〉에 의하면 '성공적인 미래보다 현재의 일상과 여유에 더 집중한다'는 문항에 응답자 중 절반에 가까운 43.3%가 '그렇다'고 답했다 (보통은 34.8%, 부정은 22%로 나타났다).

기성세대는 성공의 로드맵에 표준화된 프로세스가 있다고 믿었다. 학교를 졸업하고, 직장에 들어가고, 결혼해서 아이를 낳고, 승진하거나 사업을 벌이고, 퇴직하고 나서 여생은 하고 싶은 일을 하며 보내는 것이 성공이고 행복한 삶이라고 생각했다.

"제 또래들은 살면서 항상 다음의 플랜이 있었던 것 같아요. 이만큼 공부하면 어딜 가고, 언제쯤 승진하겠다, 어떤 전문가가 되어야겠다 등. 그런데 요즘 친구들은 안 그래요. 앞으로 어떤 일을 해보고 싶냐, 5년 후 10년 후에 어떤 모습이 되길 원하느냐고 물어보면 명확하게 답하는 친구는 드물고, 대부분 잘 모르겠다고 해요. 입사지원서에 썼던 그 당찬 포부들은 다 어디로 갔는지 의아해요."

밀레니얼은 이에 동의하지 않는다. 기성세대가 말하는 성공의 표준이 안락한 삶을 보장해주지 않는다고 생각한다. 그래서 남들이 제시하는 원칙에 따라 사는 것을 거부한다. 개개인이 가진 재능으로 일할 수도 있고 놀 수도 있으며, 동시에 여러 직업을 가질 수도 있고 아무것도 하지 않으면서 시간을 보낼 수도 있다고 이야기한다. 모든 것은 '내 삶'의 한 부분일 뿐이다.

"제 친구들은 꿈이 다 달라요. 어떤 친구는 10년 열심히 일해서 번 돈으로 해외로 나가 게스트하우스를 운영하는 게 꿈이라고 하고, 또 어떤 친구는 공무원으로 길게 일하다가 노후에 연금으로 여행 다니는 인생을 꿈꾸기도 해요, 어떤 친구는 제주도에서 카페를 차리는 게 꿈이라고 하고… 저는 아직 잘 모르겠어요."

그들은 직장을 구하거나 결혼을 하는 등의 전환점에서 어떤 획일화된 규칙을 따르기보다 다양한 삶의 방식을 추구한다. 그들에게 "회사에 들어왔으면 임원 타이틀은 달아야지", "그 정도의 좋은 스펙을 가지고도 왜 도전을 안 하는 거야?", "이제 결혼도 하고 애도 낳아야지"와 같은 말들은 통하지 않는다. 어른이나 상사가 성패의 기준으로 이야기하는 평가나 판단의 말은 그들의 귀에 거슬릴 뿐이다. 어쩌면 밀레니얼에게는 어떤 인생을 살고 싶은지, 무엇이 성공적인 인생이라고 생각하는지와 같은 '작은 호기심을 담은 질문'만으로도 충분한 도움이 될 수 있다.

밀레니얼: 제일 중요한 건 심리적 안정

"지금 직장을 다니는 것은 그냥 아르바이트라고 생각해요. 저의 생계를 딱 이만큼 유지시켜주는 곳이라고요. 제 친구들도 비슷한 것 같아요. 직장 생활은 경험을 쌓는 과정이지요."

"저한테 제일 중요한 것은 심리적 안정이에요. 경제적인 안정도 필요하지만 그건 제가 생각하는 어느 정도만 충족되면 별 문제가 아니에요."

리더: 소박하지만 안쓰러운, 그래도 성숙한

"소확행(소소하지만 확실한 행복)이라는 말이 뜨는데, 어떤 면에서는 참 소박하다, 건전하다는 생각이 들고, 한편으로는 안쓰러운 생각도 들어요. 어른들이 그동안 너무 거창한 행복이나 성공을 요구한 게 아닌가 하는 생각도 들고요.

요즘은 모든 것이 전파되고 공유되는 시대이다 보니 풍요롭게 사는 사람들의 일상도 자연스레 알게 되잖아요. 사람들이 느끼는 좌절감이나 무력감이 어느 정도일까요? 스스로 초라해 보이지 않을까요? 그런데 소확행으로 자신의 마음을 다잡는 그들을 보면 오히려 저보다 더 성숙한 어른 같아요."

왜 이 일을 해야 하죠?

밀레니얼은 질문이 많다. 어떤 일을 맡기면 "왜요?", "왜 제가 그 일을 해야 하죠?"라고 묻는 경우가 많아 'WHY 세대'로 불리기도 한다. 질문을 받은 리더들은 어떤 생각을 할까?

눈치도 빠르고, 포기도 빠르고

기성세대의 리더들은 '왜?'라는 질문 자체가 불편하다. 전에는 모두가 아무런 문제없이 해온 일인데 갑자기 누군가, 그것도 까마득한 후배가 '왜'라고 물어오면 순간 '뭐가 잘못되었나?' 하는 의아함과 함께 자신의 말이 부정당하는 듯한 느낌을 받는다. 하기 싫은 일을 떠맡아서 기분이 나쁘다는 '저항'의 의미로 받아들이기도 한다.

"채용 담당자로 느끼는 게 많은데, 요즘 신입사원들은 눈치도 빠르고 포기도 너무 빨라요. 입사 초기에는 대부분 기대 수준이 높기 마련인데, 자신에게 주어지는 일을 보고 '아, 이건 이 회사의 핵심 업무다, 아니다'를 금방 파악하죠. 그리고 아니라고 판단되면 이런 일을 하며 시간을 보내는 건 의미가 없다며 바로 퇴사하려고 해요. 사실 회사에는 여러 업무가 혼재되어 있고 눈에 띄는 일도 있고 그렇지 않은 일도 있는데, 너무 빨리 포기해버리는 것 같아 안타까워요."

기성세대가 일을 배울 때는 주어진 일이 무엇인지가 중요했지, 그 일을 왜 하는지에 대해서는 궁금해하지도 않았고 가르쳐주는 사람도 없었다. 상사들이 야속하기도 했지만, 왜냐고 묻기보다 직접 부딪치면서 자연스럽게 터득해갔다. 평소 일을 하는 과정에서 중요하게 여기는 것 또한 '무엇 (what)을 어떻게(how) 하는가'였다. 그에 반해 밀레니얼에게는 '무엇을', '어떻게'만큼이나 '왜'가 중요하다. '왜'에 대한 충분한 응답은 그 자체만으로 큰 동기부여가 되기도 한다. 밀레니얼은 일에 대한 금전적 보상도 중요하게 생각하지만, 그것만으로는 움직이지 않는 매우 가치지향적인 사람들이기 때문이다.

"회사가 갖고 있는 비전에 공감은 하는데, 실제로 제가 맡은 일은 그 비전과는 상관없는 일인 것 같아요. 그렇게 가치 없는 일을 왜 해야 하는지 모르겠어요. 제가 여기서 뭘 배울 수 있겠어요? 그래서 저도 일을 대충해버리는 걸로 응수할 때가 많아요."

"저는 좋아서 이 분야를 선택했고, 이 일이 미래의 우리나라에 꼭 필요한 일이라고 생각해요. 돈은 많이 못 벌어도 특별한 의미를 느끼며 일하고 있어요. 그런데 간혹 힘이 빠져요. 아무리 보잘것없는 일이라도 어디에 어떻게 쓰이고, 왜 필요한지 확인하고 싶은데 제 마음을 알아주지 않아요. 이왕 하는 거 더 잘하고 싶은데, 군말 없이 시키는 것만 하라는 듯한 상사들의 태도에 소모품 취급을 당하는 것 같아 싫어요. 좀 더 당당하게, 즐겁게 일하면 좋지 않나요?"

《나는 왜 이 일을 하는가?》의 저자 사이먼 사이넥은 사람들의 행동을 이끌어낼 때 일을 해야 하는 이유에 대한 질문으로 시작하는 것이 중요하다고 말한다. 자신의 일에 대한 분명한 목적의식과 신념을 가진 사람들은 그렇지 않은 사람들에 비해 열정적이고 일에 더 몰입하며 성취감이 높다. 또 어려운 일이 생겼을 때 좀 더 긍정적으로 대처할 수 있다.[22]

밀레니얼은 자신이 왜 이 일을 해야 하고, 이것이 어떤 의미가 있는지, 자신의 일이 다른 사람들의 일, 더 나아가 회사의 비전과 전략에 어떻게 연결되는지 등 보다 근원적인 부분을 궁금해한다. 그런 궁금증을 해소하고 자신의 일이 가치 있다고 느껴지면 스스로에 대한 자부심을 가질 수 있고, 세상을 더 나은 곳으로 만드는 데 기여할 수 있다고 생각하기 때문이다.

그들은 묻고 또 묻는다

처음 조직에 들어온 신입사원들은 기대했던 것과 다른 직장생활에 실망한다. 단순히 돈을 벌기 위해서, 승진을 하기 위해서만 회사에 들어간 것은 아니기 때문이다. 그래서 밀레니얼은 끊임없이 묻는다.

회사가 내게 기대하는 것은 무엇이지?

내가 여기서 기여해야 할 것은 무엇이지?

이것을 완수하는 것이 내게 어떤 의미가 있고, 나의 성장과 어떤 관련이 있지?

이 일의 큰 그림은 무엇이지?

"사장님과의 간담회 시간에 4차 산업혁명을 준비해야 한다는 말씀이 와 닿았어요. 아, 우리 회사가 현재에 안주하지 않고 미래를 위해 혁신적인 것을 준비한다는 생각에 설렜죠. 그런데 이후에 우리 팀에 떨어진 업무들을 보고 의아한 부분이 많았어요. 이게 혁신 과제와 어떻게 연결되는지 등 궁금한 점이 많았는데, 다들 사장님 말씀이니까 그냥 하자는 분위기? 조금 실망스러웠어요."

이와 같은 궁금증을 해결해주는 것이 리더의 역할이자 의무다. 답하기가 쉽지 않을 수 있다. 리더들은 일을 배울 때 일에 대한 '진정한 의미'를 생각해본 적이 거의 없다. 또 일의 의미는 스스로 찾아야지 다른 사람이 가르쳐줘야 하는 것이 아니라고 생각한다. 어떤 경우에는 밀레니얼이 하는 일이 '그렇게까지 고상한 의미는 없다'고 잘라 말한다.

사실 밀레니얼은 대부분 사원이나 대리급으로 사업의 성패를 좌우할 만큼 중요한 일을 맡고 있는 경우는 드물다. 회의록 작성이 '글로벌 No.1 기업'이라는 목표에 어떻게 기여할 수 있는지 명료하게 설명해주기란 쉽지 않다.

"저희 구매부서는 주로 정해진 틀에서 업무가 이루어지다 보니 다른 부서들에 비해 역동성도 떨어지고 잡일이 너무 많은 편이에요. 요즘 직원들이 흥미를 못 느끼죠. 다른 부서들이랑 비교하면서 상대적 박탈감도 느끼는 것 같고요. 제가 그런 부분을 잘 이해시켜야 하는데 그게 쉽지 않아요. 우리가 회사에 어떤 기여를 하고 있다고 말은 하지만 그 자체만으로는 동기부여를 시키기 어려운 것 같아요. 다른 부서로 가고 싶다는 직원이 자꾸 생겨서 큰일이에요."

그래서 일상의 소통이 중요하다. 회사의 주요 업무나 기능의 가치를 설명하고 비전을 전달하는 것도 중요하지만, 실무를 맡은 밀레니얼이 왜 그 일을 해야 하는지, 그 배경과 맥락을 짚어주는 것이 필요하다. 그들은 자신의 현재 업무가 이루고 싶은 미래의 모습과 어떻게 연결되는지 늘 알고 싶어 한다. 그걸 알고 자신이 하는 일에 스스로 높은 가치를 부여할 때 몰입할 수 있다는 사실을 리더들은 잊지 않아야 한다.[23]

자신이 쓸모 있는 존재라는 사실을 확인받고 싶어 하는 밀레니얼의 마음을 이해한다면 일을 시작하기에 앞서 그 의미와 역할에 대해 대화를 시도해보기 바란다. 이 작은 시도가 밀레니얼의 작지 않은 변화를 이끌 수 있다.

밀레니얼: 맥락을 알려주면 수긍하겠어요

"모든 일에 대해 이유와 의미를 설명해주는 게 한계가 있다는 걸 알아요. 회사 돌아가는 걸 보면 뻔히 알죠. 제가 하는 일이 당장 저의 성장에 직결되지 않는다는 것도 잘 알아요. 그래도 일언반구 없이 '언제까지 이거 해!'라고 하는 것보다 맥락을 얘기해주면 좋겠어요. '지난번 무슨 일 때문에 회사에서 우릴 주시하고 있어. 지금은 우리 팀이 열심히 일하는 모습을 보여야 하는 시점이야. 그러니까 힘들어도 네가 이것을 마무리해주면 좋겠어' 이렇게 알려주면 수긍할 것 같아요."

리더: 질문 잘하는 직원이 성장하지요

"왜 이 일을 해야 하는지 물어보는 직원은 고맙죠. 의미를 물어본다는 건 관심이 있다는 뜻이고, 잘해내고 싶은 마음이 있다는 거예요. 저는 질문하면 더 신나게 설명해줍니다. 전에는 질문하지 않는 게 편하다고 생각하기도 했어요. 귀찮았으니까요. 해야 할 일 정해주고 잘 끝나면 그걸로 만족했지요. 그런데 그게 아니더라고요. 확실히 질문 잘하는 직원들이 시간이 지나면 엄청 성장해 있어요. 회사가 어떻게 돌아가는지 아니까 어떤 일을 맡겨도 되는 방향으로 생각하니까요. 물론 직원의 질문에 바로 답하기는 어려워요. 그래도 그렇게 대화를 주고받으면서 서로 배우는 거죠."

'엄근진' 선배는 싫어요!

회사 다니는 게 너무 재미없다며 한숨짓는 후배에게 선배가 웃으면서 말한다.

"회사가 재미있으면 돈을 받고 다니겠니? 돈을 내고 다니지."[24]

어느 삽화에 실린 내용이다. 정말 그럴까?

실제로 회사에 다니고 일을 하는 것은 본래 재미와는 거리가 멀다고 생각하는 리더가 많다.

"일이 '재미있다'와 '재미없다'의 기준은 근본적으로 본인이 그 일을 좋아하느냐, 아니냐인 것 같아요. 그런데 자신이 좋아하는 일만 하려면 직접 사업을 하지 회사는 왜 다니는지 모르겠어요. 도전적인 일이라는 것도 그래요. 회사에서는 직원들이 더 나은 역량을 쌓도록 기회를 주는 건데, 하기 싫은 일은 도전적인 일이 아니라며 그냥 일을 떠넘겼다고만 생각해요. 어느 장단에 맞춰야 할지 모르겠어요."

"어려운 일을 맡겼을 때 의욕적으로 일하는 것은 환영해요. 다들 꺼리는 일을 하겠다고 나서는 친구들을 보면 고맙죠. 그런데 간혹 너무 앞서가는 경향이 있어요. 상사의 피드백을 외면하고 자기 방식대로 해요. 방향을 잘 잡아야 만족스러운 결과가 나오는데, 중간에 진행 상태를 보여달라고 해도 함흥차사예요. 화가 나죠. 배우려는 자세가 있다면 상사들의 조언을 기꺼이 받아들이는 태도도 중요한데 말이에요."

그렇지만 밀레니얼은 이왕 할 일이라면 보다 즐겁게 하면서 성장해나가기를 바란다.

"윗분들이 가끔 저희를 보고 비아냥거리는 투로 '쟤들은 회사에 놀러 왔냐?'고 말하실 때가 있어요. 우리는 즐겁게 일하려는 건데 삐딱하게 보시는 거죠. 회사에서 즐겁게 일해본 적이 없어서 그러시는 것 같아요."

일이란 본질적으로 고되고 재미없는 '노동'이라는 관점으로 보면 일에서 재미를 찾는 밀레니얼이 철없게 보일 수도 있다.

"회사는 개인이 처음부터 끝까지 자율권을 가지고 일하기가 어려운 곳이에요. 모든 것이 분업화되어 있고, 그래서 주어진 일만 잘해도 절반은 성공이에요. 이런 환경에서 재미를 찾는다는 건 순진한 생각이에요. 흥미를 느끼는 일에 적극성을 보인다는 것은 알지만, 구조가 그렇지 않은 걸 어떡합니까?"

엄격하고, 근엄하고, 진지한 상사 때문에…

'즐겁게 일할 수 있는 조직문화를 만들자'는 말에 반대할 사람은 없을 것이다. 하지만 그것이 얼마나 어려운 일인지는 직장생활을 해본 사람이라면 누구나 공감할 것이다. 밀레니얼도 모르지 않는다. 우리가 오해하는 게 있다. 그들에게 일의 재미가 꼭 'fun(펀)'을 의미하지 않는다는 점이다. 그 일을 함으로써 자신의 존재감을 느낄 수 있고, 새로운 시도를 통해 배움이 일어나기를 원하는 것이다. 그래서 그들은 단순하고 반복적인 일에 흥미를 보이지 않는다. 특히 과정과 결과가 뻔히 보이는 소모적인 일에 싫증을 낸다.

"회사생활은 처음이 제일 중요한 것 같아요. 처음 발령받은 부서나 상사에 따라 미래가 좌우되는 경우가 많거든요. 어떤 친구는 모두가 부러워하는 프로젝트에 투입되어 계속 잘나가는 반면에 누구는 수명(受命)업무(지시를 받아 처리하는 업무. 핵심 업무가 아닌 긴급을 요하는 상시적 업무)로 시작하면 1년이 지나서도 그런 일만 하게 돼요. 로테이션이 필요한데 아무도 관심을 두지 않아요. 그런 재미없는 일을 누가 좋아하겠어요."

"선배들이 너무 엄근진(엄격-근엄-진지)해서 못 견디고 나왔어요. 별일도 아닌 걸 가지고 너무 오랫동안 심각하게 질질 끄는 거예요. 그런 분위기에서는 문제만 따지지 뭔가 시도해볼 수 있는 게 없거든요. 용기를 내서 몇 번 얘기했는데 분위기만 안 좋아지더라고요. 갑분싸(갑자기 분위기 싸해지는) 했지요."

그들은 자신만의 스타일로 해보고 싶은 욕구가 강해서 시키는 대로만 하라거나 상사로부터 심한 간섭을 받으면 의욕을 잃어버린다.

"원래 제 업무가 아닌 다른 일을 떠맡게 되는 경우가 많아요. 그래도 새로운 일이라 즐기면서 배우자는 마음으로 하려고 하는데, 의욕을 확 꺾어버리는 상사들이 있어요. 일에 익숙하지 않은 제가 못미더워 그러시는 건 이해하지만, 너무 옆에서 이렇게 해라, 저렇게 해라 간섭하실 때는 그냥 안 하고 싶어져요."

밀레니얼은 하루의 3분의 1을 보내는 직장이 좀 더 즐겁고 의미 있는 공간이 되기를 바란다. 그런 의미에서 그들은 '게임세대'라고 할 수 있다. 일을 놀이의 느낌으로 배우는 것이다. 좋아하는 일을 하면서 그 속에서 자신이 꿈꾸던 이상을 실현해나가는 삶을 가치 있게 느끼는 것이다.[25] 그들은 현실의 도전들을 모험으로 받아들이고, 하나 하나 풀어가는 것을 즐기려고 한다. 업무를 완수했을 때 '미션 클리어(misson clear)'라고 쓴 배너가 뜰 것 같고, 좀 더 도전적인 다음 레벨로의 진입을 흥미진진하게 기대한다. 네덜란드의 인류학자 요한 하위징아가 인간의 속성을 '호모 루덴스', 즉 놀이하는 인간으로 정의하며 자유와 상상력을 바탕으로 무언가를 창조해나가는 것이 인간의 본질이라고 설파한 것과 같은 맥락이다.[26]

갑갑한 현실도 가볍고 재치 있게!

밀레니얼은 또 일 자체뿐만 아니라 일을 해나가는 분위기나 사람들과의 관계에서도 유머와 생동감을 추구한다. 이러한 성향은 사회적 현실에 대해 그들이 즐겨 사용하는 유머코드에서도 발견된다. '이생망(이번 생은 망했어)'이나 '사이다(답답한 것을 통쾌하게 해주는)'와 같은 유행어에서도 알 수 있듯이 요즘 젊은이들은 갑갑한 현실을 심각하고 불편하게만 생각하기보다 가볍고 재치 넘치는 언어로 일상의 무거움을 덜어내려고 한다.

요즘의 젊은 직장인들이 흔히 사용하는 '급여체(급여를 받는 사람들이 쓰는 문체)'에서 그와 같은 면모를 읽을 수 있다. 10대 청소년들이 '급식체(급식을 먹는 학생들이 쓰는 문체)'를 통해 그들만의 문화를 공유한다면, 밀레니얼 직장인들은 급여체를 써서 독특한 느낌과 욕구를 전달한다. 일례로 상사와의 카톡 대화에서 '네'라는 대답은 받침이나 기호와의 결합에 따라 그 의미가 천차만별로 달라진다. '네~'라는 말은 단순히 '알겠습니다'를 뜻하지만 '네~~~~~'와 같이 쓰면 '무슨 말씀인지 알겠으니 제발 그만 말씀하세요'라는 뜻이다. 그런가 하면 '넹'은 친밀한 관계에서 가볍게 쓰는 말이다. 또 '넵'이라는 대답은 '상사의 지시를 잘 알아들었으며 적극 대응할 자세가 되어 있다'는 의미다. 그들은 상사가 무슨 말을 하건 군소리 없이 무조건 '넵'을 연발하는 모습을 두고 '넵병'이라는 신조어까지 만들어냈다.[27]

밀레니얼이 재미를 추구하는 것은 다행스러운 일이다. 어떤 식으로든 일에서 재미를 느끼면 덕후(한 가지 분야에 깊이 빠진 사람)와 같은 특유의 몰입력을 발휘할 수 있고, 누구도 생각지 못한 아이디어를 내놓을 수도 있다.

그들은 또 비슷한 또래들끼리 뭉쳐 있을 때 더 큰 시너지를 발휘하기도 한다.

"저희끼리 있을 때는 진짜 말도 잘 통하고 아이디어도 많이 나와요. 누가 이런 걸 해보면 좋겠다고 하면 기발하고 건설적인 의견들이 튀어나와

지요. 그런데 한번은 팀장님이 어떤 행사를 앞두고 아이디어를 내보라고 하시는 거예요. 그러면서 할 것과 하지 말아야 할 것 등 이것저것 제한 사항을 알려주시는데, 재미도 없고 의욕도 안 생기더라고요. 그러다 보니 선배들이 이미 해놓은 것을 그냥 답습하게 되는 것 같아요."

이와 같은 조직에서는 미래를 기대하기 어렵다. 밀레니얼의 흥미를 자극하고 새로운 도전을 장려할 수 있어야 한다. 신나게 일할 수 있는 판을 깔아주어야 한다. 그런 의미에서 리더는 게임 기획자로 변신할 필요가 있다.

밀레니얼: 저 자신에게 놀랐어요

"제 일은 선배와 함께 들어가는 고객사와의 미팅 결과를 정리해서 윗분들에게 드릴 보고서를 작성하는 것인데, 한번은 어쩌다가 고객과 1 대 1로 만나게 되었어요. 그 미팅에서 많이 놀랐어요. '내가 고객의 질문에 이런 답변까지 할 수 있다니' 하면서 말이죠. 스스로 엄청 뿌듯했어요. 돌아와 보고서를 쓰고 제안서를 작성하면서도 신이 나더라고요."

리더: 제일 마음에 드는 직원은…

"제일 마음에 드는 직원은 어떤 일을 해도 자신만의 방식으로 무엇이든 시도해보는 사람이에요. '고객에게 이메일로 정보를 먼저 보내고 전화했더니 좋아하더라', '업무 요청은 오후보다 오전이 좋더라' 등등 자기 선에서 할 수 있는 깨알 같은 시도로 일을 재미있게 하는 직원이에요. 저는 그 시절에 그렇게 해볼 생각을 못했거든요."

검토 부탁드립니다~ (지금 당장!)

X세대 김 팀장은 갑자기 상사로부터 조용하면서도 음식이 맛있는 레스토랑을 예약하라는 지시를 받았다. 근처에 아는 데라곤 자주 가는 밥집과 카페뿐이었던 팀장은 다급한 마음에 팀원들 중에서 가장 유행에 민감한 밀레니얼에게 아이디어를 구했다.

"박 대리, 근처에 괜찮은 맛집 있을까? 점심때 중요한 손님이 온다고 상무님이 찾아보라고 하시는데."

박 대리는 순간 눈을 깜박이며 "잠시만요" 하더니 5분도 안 되어 답을 준다.

"팀장님, 회사 근처에 OOO레스토랑이 있는데 따로 룸도 있고 가든 인테리어로 되어 있어 들어가는 순간 힐링이 된대요."

김 팀장은 탄성이 절로 나온다.

밀레니얼은 자타가 인정하는 스피드광이다. 원하는 정보에 가장 쉽고 빠르게 접근하는 데 도사들이다. 리더들 가운데 김 팀장처럼 밀레니얼의 도움을 받았던 순간들을 기억하는 이들이 있을 것이다.

그들은 디지털 원주민으로서의 면모를 유감없이 발휘한다. 책이나 논문 같은 자료보다 인터넷과 SNS로 정보를 얻고 영상이나 가공된 콘텐츠를 선호한다. 또한 SNS에 올린 자신의 게시물에 대한 반응을 실시간으로 확인한다. 그들은 갖고 싶은 아이템을 구하거나 원하는 정보를 입수하는 데 막힘이 없다.

"빨리 끝내면 행복해요"

대부분의 리더들은 밀레니얼의 가장 큰 강점으로 '빠른 업무 처리'를 꼽는다. 어떤 과제와 조건을 주면 빠른 시간 내에 처리한다는 것이다.

"요즘 애들은 진짜 빨라요. 같이 회의를 하고 나서 돌아와 책상에 앉으면 벌써 회의록이 도착해 있는 경우도 있어요. 머리랑 손에 모터가 달려 있나 봐요. 그런데 재밌는 건 회의록을 열어보면 맞춤법이 엉망이에요."

밀레니얼은 회사에서 단순하고, 빠르게, 가장 효율적으로 일을 처리하는 것을 가장 유능한 역량으로 꼽는다.

"일을 빨리 끝낼 수 있을 때 행복해요. 문제가 명확하고 상사가 사전에 어떤 부분을 중점적으로 살펴보라고 가이드를 주시면 효율성이 높아지죠."

"가끔 회의할 때 보면 윗분들이 '그게 뭐지?', '뭐는 어떨까?' 하시는데 좀 답답해요. 그냥 그 자리에서 검색창 띄워서 바로 확인할 수 있는데 말이죠. 괜히 얘기했다가 '네가 해봐'라고 할까봐 듣고만 있어요."

한 번에 여러 가지 일을 병행하는 것을 '멀티태스킹', 한 가지 일에만 집중하는 것을 '모노태스킹'이라고 하는데, 밀레니얼은 멀티태스킹이 일상화되어 있다. 그들은 PC 화면에 문서프로그램, 인터넷창, 동영상창, 채팅창을 동시에 띄워놓고 스마트폰으로는 SNS 상태를 확인한다. 모든 게 잠깐의 시간에 이루어진다. 그래서 개인적 용무도 개의치 않고 본다. 그러나 리더들의 생각은 다르다. 그들의 멀티태스킹을 일에 몰입하지 않는 모습으로 간주한다. 또 깊은 사고력을 요하는 모노태스킹에 약하다며 못마땅해한다. '빨리 끝내는 것에만 집착한 나머지 깊이 고민한 흔적이 없다'는 것이다.

"저희 때랑 비교하면 요즘 애들은 학원세대 같아요. 문제풀이에 능하죠. 문제와 정답, 정해진 풀이법에 길들여져 있어요. 그래서 일을 할 때도 뭘 자꾸 정해달래요. 어느 정도는 스스로 고민해봤으면 하는데, 어떻게 하면 되느냐며 답을 달라고 멀뚱멀뚱 쳐다보기만 해요. 환장하죠. 결국 또 제 일이 돼요. 저희는 독서실세대라서 그런지 문제가 있으면 머리 싸매고 들입다 파고들었는데."

"일을 빨리 끝내는 건 좋은데 좀 더 고민했으면 좋겠어요. A와 B를 참고하라고 하면 A+B의 결과물이 나와요. C까지 바라는 건 아니고 A'+B'가

될 수도 있는데, 항상 그 점이 아쉬워요."

밀레니얼은 깊이 고민하지 않는다는 리더의 말에 이렇게 반박한다.

"팀장님이 '넌 네 능력의 70%만 발휘하고 있다'는 피드백을 주셨어요. 아마 제가 올린 보고서에 지적할 부분이 많아서 그러시는 것 같아요. 그런데 솔직히 저도 몇 시간을 들여서 최종본이라고 드려도 계속 수정이 생기는 걸 어떡해요. 최선의 결과라고 말하긴 어려워도 주어진 시간 내에는 최선을 다 했어요."

"웬만하면 근무시간 안에 빨리 끝내고 싶어요. 그래서 빨리 해놓고 검토를 요청하면 피드백을 받는 데만 1~2일이 걸리는 것 같아요. 그러고는 디데이가 되기 직전에 수정 사항을 한가득 내려주세요. 그러면 또 일정을 넘기게 되고, 악순환이에요. 이메일은 분명 읽었다고 표시되어 있는데… 바로바로 알려주시는 게 힘든 일인가 봐요."

밀레니얼이 피곤함을 느낄 때

밀레니얼과 리더들이 충돌하는 지점이 바로 이 스피드다. 모든 면에서 실시간 반응에 길들여진 밀레니얼은 리더에게도 '빠른 피드백'을 요구한다. 그래야 다음 단계로 나아갈 수 있기 때문이다. 또 리더들이 신중한 의사결정을 위해 추가 정보나 심도 있는 검토를 지시할 때 피로감을 느낀다. 이미 손에서 떠난 일을 처음부터 다시 들여다봐야 하기 때문이다. 이뿐 아니라 기존의 업무체계에서 불필요하다고 생각되는 부분은 과감히 고치려 든다.

때로는 복잡하고 무의미한 보고체계가 불필요하다고 생각하여 중간의 결재라인을 건너뛰기도 하여 사람들을 곤혹스럽게 만드는 경우도 있다.

밀레니얼의 스피드는 리더가 나서서 조절해줄 필요가 있다. 빠르게 처리할 수 있는 방법을 찾거나 시급한 조치가 필요한 경우에는 즉각적인 피드백을 해주되, 면밀한 검토가 필요한 일은 충분한 시간과 노력을 들이도록 유도할 수 있어야 한다.

밀레니얼: 자꾸 물어보면 실례인가요?

"일을 지시받긴 했는데 어떻게 해야 할지 모를 때가 많아요. 자꾸 되물어보는 것은 바쁜 분한테 실례가 되는 것 같고, 한편으로는 이해하지 못한 저의 무능을 보이는 것 같아 두려운 점도 있어요. 그래도 빨리 완수해야 한다는 생각에 기존에 했던 것들을 참고하고 인터넷 검색도 많이 해요. 그래도 잘 안 되면 같은 분야에서 일하는 친구들한테 직접 물어봐요."

리더: 해보지 않고 섣부른 판단을

"요즘 친구들은 일에서만 빠른 게 아니라 다 빨라요. 말도 빠르고, 반응도 빠르고, 포기도 빠르죠. 뭘 해보라고 하면 '그거 어차피 안 될 것 같은데, 왜 하나요?' 이래요. 설사 안 되더라도 해보는 과정에서 얻는 게 분명 있는데 판단이 너무 앞서는 느낌이에요."

저 잘하고 있는 거 맞아요?

코칭리더십교육은 대부분 '돌아가서 어떤 코칭 스킬을 적용할지' 계획을 세우게 하는 것으로 마무리된다. 그러면 대부분의 리더들은 앞으로 직원들을 긍정적으로 바라보고 '칭찬과 인정'을 아낌없이 하겠다고 다짐한다. 그러나 몇 달 후에 다시 얘기를 들어보면 칭찬과 인정이 힘들었던 경험을 털어놓는다.

"잘한 거는 인정해주고 싶은데 그때그때 표현이 잘 안 떠올라요. '고생했다'는 말을 주로 하는데, 너무 같은 말만 되풀이하는 것 같고 직원들이 으레 하는 말로 들을 것 같아요. 의례적이지 않고 임팩트 있게 칭찬하는 법을 더 배워야겠어요."

"저도 인정해주려고 누가 어떤 것을 잘하나 생각해보기도 하고, 호시탐

탐 기회를 엿보기도 했어요. 어떤 직원이 늦게까지 남아서 일하는 걸 보고 '이야~, ○○ 씨는 책임감이 강하네' 했더니 바로 하는 말이 '아닌데요. 저 억지로 하는 건데요'라고 해서 당황스러웠어요."

제일 기억에 남는 그분의 말씀

코칭은 사람 대 사람의 상호작용이다. 동기부여는 리더만 노력한다고 되는 것이 아니다. 리더십 전문가들은 구성원의 이야기를 정성을 다해 들어주면서 긍정적 반응을 보여주는 것이 가장 확실한 동기부여 방법이라고 입을 모은다.

존중의 욕구가 강한 밀레니얼은 자신의 현재 상태에 대한 의견을 듣고 싶어 한다. 무엇을 잘하고 있는지, 사람들이 자신의 어떤 강점에 반응하는지, 자신이 더 잘할 수 있는 것들을 확인하면서 긍정적인 자기 인식을 확장하려는 것이다.

"진짜 선배들한테 고마울 때는 제가 하는 일을 인정해줄 때예요. 제가 해놓은 것을 꼼꼼히 보시고는 '이건 이런 점에서 잘했고, 맘에 든다. 그리고 이런 부분도 생각해보면 좋겠다. 다음에는 내가 검토하지 않아도 혼자서 충분히 할 수 있겠네'라고 말씀해주셨을 때가 제일 기억에 남아요."

학자들은 밀레니얼의 인정 욕구가 성장 배경과 깊은 관련이 있다고 말한다. 밀레니얼의 부모들이 자녀들을 '특별한 존재'로 대하며 칭찬과 인정으로 그들의 자존감을 향상시켜주었기 때문에 자신에 대한 기대치가 높

고, 이를 인정을 통해 확인하려 한다는 것이다.[28]

그에 비해 리더들은 인정과 칭찬의 중요성을 잘 알고 있지만 익숙하지 않다. 그들은 인정, 칭찬의 언어가 어색한 문화에서 살아왔다. 어떤 리더들은 '잘했다'는 말은 사탕발림처럼 느껴져 굳이 말하지 않아도 된다고 생각한다. 어딘가 유치해 보이기도 하고, 칭찬은 아이들에게만 효과가 있다고 생각한다. 지적할 것투성이인 직원들에게 칭찬해주면 쉽게 만족하고 자만하여 더 이상 노력하지 않는다고 우려하는 리더들도 있다. 그들은 밀레니얼에 대해서도 항상 주목받기를 원하고 '좋은 말'에만 관심을 갖는다고 오해한다. 비판적인 피드백에 감정적 반응을 보이는 것 역시 불편하다고 토로한다.

"본인이 하는 일에 관심을 가져달라는 것이 꼭 좋은 말만 해달라는 뜻은 아니잖아요. 그들도 배워야 하니까요. 분명 잘하는 점도 있고 부족한 점도 있는데, 균형을 맞춰 이야기하기는 참 어려운 일이에요."

젊은 사람들이 자기표현에 솔직하고 자신의 감정을 있는 그대로 드러내는 경향은 분명히 있다. 하지만 그들이 부정적인 피드백에 취약한 것은 스스로에 대한 기대 수준이 높아서다. 자신의 능력을 제대로 보여주지 못하면 경쟁에서 뒤처지거나 낙오할지 모른다는 불안감의 다른 모습일 수 있다는 사실을 알아야 한다.

"그건 칭찬이 아니죠"

밀레니얼에게 인정이란 자신이 주변의 기대에 부응하고 있는지를 확인하려는 과정이다. 그들은 주어진 역할을 잘해내고자 하는 마음에 리더가 화답할 때 안정감을 느낀다. 따라서 지적이나 비판을 하더라도 실수나 오류를 바로잡기 위한 구체적인 피드백을 제공하면서 변함없는 기대와 긍정적인 믿음을 함께 전달해야 한다. 평소에 지적과 잔소리만 일삼다가 인정을 통해 동기부여를 해보겠다고 하면 오히려 역효과를 부르게 된다.

"상사님이 저를 불러놓고 이건 이렇게, 저건 저렇게 했어야지 하며 지적하시기에 '내가 뭘 크게 잘못했나보다' 생각했어요. 그런데 회의에 들어가서는 임원분들에게 'OOO 씨가 이렇게 했습니다'라며 대놓고 칭찬하는 거예요. 민망하고 혼란스러웠어요. 진짜 잘했다고 인정하는 건지, 아니면 한참 부족한데도 팀 위상을 세우려고 일부러 저러는지…."

"평소엔 인정이나 칭찬 같은 걸 잘 못하시는데, 새로운 일을 줄 때만 칭찬을 하세요. 'OOO은 참 꼼꼼하고 실수가 없어. 그래서 이번에는 ~를 해줬으면 좋겠어'라고요. 의도가 너무 뻔히 보여서 이제는 칭찬한다 싶으면 '아, 또 일이 떨어지겠구나' 생각하죠."

밀레니얼의 인정 욕구를 잘 활용하는 리더들은 칭찬거리를 발견해내는 데 탁월하고, 짧고 단순한 언어로 진심을 담아 표현한다. 진정성이 느껴지는 한마디, '잘했다', '수고했다', '덕분에 힘이 되었다'라고 말한다. 이러한 표현에는 많은 계산이 필요하지 않다. 긍정적이고 진심 어린 반응을 보여준다면 밀레니얼은 신이 나서 더 몰입할 수 있다. '내가 이 일을 제대로 하

고 있구나', '내가 도움이 되는구나', '다음에 더 잘해야지', '일할 맛이 난다'
와 같은 생각을 불러일으키기 때문이다.

밀레니얼: 그분이 가는 곳마다 빵빵 터져요

"저희 회사에 진짜 칭찬의 달인이 계시는데, 정말 놀라워요. 뭘 해서 드
려도 '잘했다', '최고다', '멋지다', '예쁘다', '웬일이니?', '지금 나한테 인사
해준 거야?', '고맙다' 등 그 표현이 셀 수 없이 다양해요. 제가 볼 때 그분
은 일부러 하시는 게 아니라 그냥 사람을 좋아하는 성향이 자연스럽게 배
어나오는 것 같아요. 항상 활기가 넘치시고 빨빨 돌아다니시면서 칭찬의
말을 퍼부어주시는데, 그분이 가는 곳마다 빵빵 터져요. 심지어 어느 직원
한테는 '너 어제 야근하는 거 같던데 출근했어? 대단하다' 하시는 거예요.
와, 어떻게 그렇게까지 하실 수 있죠? 어쨌든 그분 주변에는 항상 사람이
많아요."

리더: '좋아요' 버튼을 눌러요

"저는 칭찬의 효과를 가볍게 생각했었어요. 제가 팀원이었을 때 칭찬하
는 상사들을 보면서 진심이 느껴지지 않았으니까요. 그런데 팀장이 되고
보니 칭찬할 거리가 별로 없는 거예요. 저의 불찰이죠. 자주 세심하게 살
펴보고 호응해주는 게 필요한 것 같아요. SNS 게시글에 '좋아요' 버튼을 누
르는 것처럼요."

숨김없이, 솔직하게, 거침없이

'어떻게 하면 우리 부서의 몰입 수준을 높일 수 있을까?'

이를 주제로 조직문화 개선을 위해 마련된 워크숍에서 이용기 선임은 평소 자신이 생각했던 것을 솔직하게 털어놓았다.

"리더들의 꽉 막힌 사고, 비효율적인 회의록 관리, 과도한 문서 작성 등을 줄였으면 좋겠다."

이 선임은 자신의 의견이 회사에 받아들여져 비효율적인 소통체계가 개선되기를 바라는 마음으로 '총대'를 메는 심정으로 용감하게 발언했다. 결과는 어땠을까?

담당 부서의 임원은 머리를 끄덕이며 문제의 심각성에 공감을 표하는 듯했다. 하지만 이 선임의 비판적 견해에 언짢은 표정을 감추지 못했고,

결국 화살은 이 선임의 직속 상사에게로 날아가고 말았다. 워크숍에서 돌아온 다음 날, 상사가 이 선임을 불러 말했다.

"당신 생각해서 하는 말인데, 다음에는 조용히 있는 게 좋겠어요. 다 알고 있는 건데 굳이 나설 필요가 있을까? 이 선임이 그런 식으로 나오니까 내 입장만 난처해졌잖아요."

이용기 선임은 그 후로 입을 굳게 다물게 되었다.

가치는 가치고, 현실은 현실이다?

'공정함', '투명함'을 가치로 내건 회사가 경영진의 비리로 연일 매스컴에 오르내리는 모습을 종종 보게 된다. 상의하고 싶은 것이 있으면 언제든 얘기하라고 하면서 방문을 굳게 닫아둔 리더들이 있다. 임직원의 자발적 참여로만 운영된다고 공지한 제도가 의무적으로 채워야 하는 할당량으로 바뀌어 현업 부서에 하달된다. 왜 공언한 대로 시행하지 않느냐고 물으면 리더들은 대부분 이렇게 말한다.

"조직생활이라는 게 다 그런 거야. 너무 많은 걸 알려고 하지 마."

조직과 구성원, 상사와 부하 간의 신뢰는 여기서 깨진다. 특히 입사한 지 얼마 되지 않은 직원들은 회사의 가치와 동떨어진 현실에 좌절감을 느낀다.

"저희 회사의 가치 중에 '주도적인 인재'가 있는데요, 채용할 때 엄격하게 봐요. 스스로 무엇을 성취했는가, 자신만의 생각이 있는가 등 주도성이 있는 사람을 뽑으려고 얼마나 공을 들이는지 몰라요. 그런데 그런 사람이 회사에 들어와서 주도적으로 일하려고 하면 윗분들이 엄청 피곤해해요. '쟤 좀 말려라', '제발 시키는 일만 하라'고 압력을 넣기도 하죠. 휴, 할 말이 없어요."

밀레니얼은 자신이 다니는 회사의 제품이나 서비스가 세상을 이롭게 하기를 바라는 가치지향적인 사람들이다. 스스로 납득하지 못하면 고객에게 설명할 때 어려움을 느낀다.

"저는 전에 다니던 회사에서 마케팅을 담당했는데, 제품의 가치에 비해 뻥튀기가 심했어요. 모두가 알고 있는 결함을 감추고 마케팅을 진행하라는 지시를 받았어요. 개선이 안 된 상태에서 제품을 파는데, 꼭 사기치는 기분이 들었어요. 고객들이 얼마나 똑똑한데요. 그래서 이건 좀 아닌 것 같다는 의견을 몇 번 냈는데도 '그걸 네가 왜 신경 쓰느냐'는 반응만 돌아오더군요."

기밀 운운하지 말고, 정보 공유를

투명한 소통을 강조하는 기성세대가 부정적 이슈에 대해 민감하게 반응하는 이유는 뭘까? 솔직함을 드러냈다가 불이익을 당하거나 반대 의견을 가진 세력의 공격에 밀려난 경험이 있기 때문이다. 여기에는 한국 사회 특유의 유교문화도 작용했다. 하고 싶은 말이 있어도 감추거나 분위기를 봐가며 해야 현명하다는 소리를 듣는다. 특히 안 좋은 면이나 누군가의 희생이 필요한 부분, 약점이 노출되는 상황에 대해 서로 쉬쉬하고 숨기려 든다. 또 중요 정보가 사람들에게 공유되는 것에 거부감을 가지며, 상사의 표정이나 한두 마디에 어떤 처신을 해야 하는지 귀신같이 알아차리는 '촉'을 발동시킨다.

밀레니얼은 다르다. 소통에서 투명성과 명료함을 중시한다. 그들도 똑같은 촉을 갖고 있지만 눈치만 보지 않고 "그러니까 왜 그런지 명확하게 설명해주세요"라고 당당히 요구한다. 그들은 밀실에서 이루어지는 의사결정이나 중요 정보를 공유하지 않는 폐쇄적인 조직문화를 반대한다. 이는 IT 기술이 발달하면서 사회 전반적으로 투명성이 강조되는 것과 괘를 같이하는 것으로 볼 수 있다. 더 이상 비밀도 없고, 접근할 수 없는 성역 또한 없다. 청소년 시절부터 사회적 비리가 어떻게 폭로되고 어떤 결과를 가져오는지 똑똑히 보아온 밀레니얼에게 신뢰, 투명, 진실은 자신이 속해 있는 조직에서 가장 우선해야 할 가치로 인식된다.

"정보를 공유하지 않으려는 선배들을 이해하기 어려워요. 정보를 공유하면 일을 보다 효율적으로 할 수 있을 것 같은데 말이죠. 기밀 운운하며 '무에서 유를 창조하는 너의 능력을 보겠어' 하는 식의 태도에 기분이 좋지 않아요. 자신이 가진 정보로 권위를 내세우는 느낌이랄까요? 마음먹고 찾으면 더 좋은 자료가 인터넷에 널렸는데…."

"의사소통은 수평적으로, 의사결정은 수직적으로 하는 게 맞아요. 직원들의 의견을 충분히 들었다면 어떤 결정이든 수용해요. 의견은 다를 수 있고, 결정은 리더의 몫이니까요. 그런데 통보하듯 일방적으로 '이렇게 하기로 했다'고 하면 불쾌한 마음이 들어요."

투명한 소통을 추구하는 밀레니얼의 성향은 그들의 커뮤니케이션 스타일에서도 잘 드러난다. 그들은 쉬우면서도 압축적이고 간결한 언어를 선호한다. 안전하다고 생각되면 솔직하게 거침없이 자신의 의견이나 감정을 표현한다. 리더들이 그런 환경을 만들어주길 바라며, 어떤 의견도 자유롭게 제시할 수 있는 사람으로 자신을 대해주길 원한다. 말을 꺼내기가 어려운 분위기와 엄숙한 상사, 모호한 표현, 불명확한 지시, 알아듣기 힘든 함축적인 언어, 돌려 말하거나 핵심을 벗어난 말들은 흘려듣거나 피해버린다.

투명하고 명료한 소통을 지향하는 밀레니얼의 특성에 대해 리더들은 당혹스러워하기보다 서로 진솔한 이야기를 나눌 수 있는 기회로 활용할 필요가 있다.

밀레니얼: 어쩔 수 없었다는 게 뭔지 모르겠어요

"성과를 평가할 때 제일 민감해지는 것 같아요. 평소에는 지적받지 않았던 부분에 대해 부족하다는 말을 들으면 좀 황당해요. 상사한테 제가 왜 이런 등급을 받았는지 알려달라고 하면 얼버무리면서 '어쩔 수 없었다'고 하시는데, 그게 뭔지 도대체 모르겠어요."

리더: 꼼수의 시대는 갔어요

"투명성 문제는 우리 사회가 뼈저리게 경험하는 거잖아요? 탄로 난 비리들을 보면 머리가 아플 지경이에요. 이 세상에 과연 깨끗한 게 있을까 의문이 생기죠. 건강한 사회로 가는 변화의 과도기라고 생각해요. 회사도 마찬가지예요. 누가 누굴 편애한다, 누구는 낙하산으로 들어왔다 그러는

데, 이젠 그런 꼼수도 안 통하죠. 아직도 남아 있는 불투명한 부분들은 기성세대가 좀 더 각성해야 해요."

"상사의 말과 행동이 다르다고들 하는데, 직원들은 더해요. 앞에서는 네네 그러고는 뒷담화를 얼마나 하는지 몰라요. 또래끼리 있으면 더 심하죠. 요즘 블라인드앱 같은 데 들어가보면 가관이에요. 사실이 아닌 얘기들이 넘쳐나요. 하지만 어느 정도 이해는 해요. 저도 예전엔 그랬으니까."

같이하면 가치 있다. 단, 우리끼리

요즘 젊은이들이 자주 찾는 인터넷 게시판에 들어가보면 '직장생활'과 관련한 흥미로운 글이 많다. 한 사람이 불편한 상사, 사내 왕따, 퇴사 고민 등의 내용을 올리면 접속해 있는 사람들이 공감하는 댓글을 달아주거나 매우 현실적인 대처 방법을 알려준다. 그들은 그렇게 서로 '연결'되어 있다.

기막힌 아이디어의 출처

연결은 밀레니얼에게 매우 익숙한 단어다. 그들은 스마트폰이나 인터넷으로 언제 어디서나 가족, 친구, 직장 동료와 접촉하고, 전혀 모르는 사람들과도 접속을 시도한다. 퇴근 후에는 취미생활이나 자기계발을 위한 제 2, 제3의 공간으로 출석한다.

연결과 소통이 일상화되어 있는 밀레니얼을 보면서 기성세대는 이질감을 느낀다.

"예전에는 회사에서 같은 고향이나 학교 출신들끼리 모임을 가졌는데, 어느 순간부터 자연스레 흐지부지되더군요. 그다음엔 같은 취미를 가진 사람들끼리 동호회를 만들었는데 그것도 시들해졌어요. 요즘 젊은 애들은 회사 밖에서 취향이 맞는 사람들끼리 네트워크를 즐기는 것 같아요."

"요즘 애들은 우리 때와 정말 다르다고 느꼈던 적이 있어요. 회의 중에 한 친구가 기막힌 아이디어를 내놓기에 '넌 어디서 그런 아이디어를 얻었니?' 했더니 주말마다 참석하는 독서모임이라고 말하더군요. 그 모임에는 변호사도 있고, 사업가, 전업주부도 있대요. 회사랑 집만 왔다 갔다 하는 제가 부끄러워졌어요."

연결을 중시하는 밀레니얼은 일할 때에도 홀로 해나가기보다 협력을 통해 진행하기를 좋아한다.

"저는 프로젝트 단위로 일하는 방식을 선호해요. 같은 사람들과 계속 일하는 것보다 3~5개월 단위로 새로운 사람들과 함께 해나가는 것이 저한테 더 맞는 것 같아요. 그들로부터 많은 아이디어를 구할 수 있고, 자극도 되고요. 그리고 해당 프로젝트만 성공시키려고 뭉친 집단이다 보니 충성도나 의리로 묶인 관계보다 더 자유롭고요."

"제 또래들은 협업에 최적화되어 있는 것 같아요. 대학 시절부터 팀플레이를 많이 해봐서 그렇겠지요. 과제가 떨어지면 바로 계획을 짜서 각자의 역할을 정하고 실행에 들어가죠. 각자의 책임이 있기 때문에 상대에게 피해를 주는 행동도 경계하게 되고요."

밀레니얼은 이상주의자(idealist)에 가깝다. 결과물에 대한 기대치가 높다. 그래서 혼자의 힘으로 완수하기보다 사람들과 함께 아이디어를 모아 만들어가는 과정에 더 가치를 둔다. 따라서 동료를 경쟁자로 인식하기보다 내 아이디어에 힘을 보태줄 파트너로, 내게 부족한 점을 보완해줄 조력자로 생각한다. 민주적인 가정환경, 조별 과제를 수행하는 학교생활을 해온 그들은 서로 의견을 내고, 합의하고, 양보하고, 보완해주는 관계에 익숙하다.

울상이던 직원의 눈빛이 달라진 이유

리더들도 알고 있다. 그들은 밀레니얼에게 단독으로 일을 맡겼을 때는 탁월한 결과를 기대하기 어렵지만, 팀을 구성하여 수행하게 하면 놀라울 정도로 창의적이고 높은 수준의 성과를 낸다고 말한다. 수평적이고 관용적이며 다양성을 추구하는 밀레니얼이 자신들의 집단지성을 마음껏 발휘한 덕분이다.

"밀레니얼은 동료 효과가 특히 큰 것 같아요. 자신을 중시하면서도 끊임없이 동료들을 의식하죠. '너만의 생각을 담아서 스스로 해봐'라고 했을 때 '어떻게요?'라며 울상을 짓던 직원이 있었는데, 파트너를 붙여주고 서로 일을 봐주기 시작하면서 눈빛부터 달라지고 일하는 자세가 확연히 좋아지더라고요."

그러나 밀레니얼은 자신의 연결 범위를 무작위로 확장하지 않는다. 그들의 연결은 매우 선택적이고 제한적이다. 자신의 관심사나 소통 방식에 따라 연결할 사람들을 가려낸다. 원하는 사람들과는 기꺼이 친분을 맺고 자유롭게 네트워크를 형성하지만, 이질적이거나 소통이 불편한 사람들과는 단호하게 연결을 끊어버린다. 또한 그들은 '보여주고 싶은 것만 보여주는' 특성이 있다. 보여주고 싶지 않은 부분은 최대한 숨기려 든다. 따라서 관심 있는 주제나 도움이 될 만한 활동에는 적극적으로 참여하고 연대하지만, 그렇지 않으면 회피하거나 냉소적인 반응을 보인다.

"처음에는 입사 동기들끼리 자주 모임을 갖고, 서로 힘든 점을 공유하면서 많은 도움을 받았어요. 그런데 언젠가부터 동기들이 저를 따돌리는 느낌이 들더라고요. 뭔가 숨기는 것 같고, 제 말에는 반응을 보이지 않고, 자기네들끼리만 공유하는 게 눈에 보였어요. 매우 불쾌했죠. 한번은 메신저로 동기들한테 왜 그러느냐며 뭔가 실수한 게 있다면 고치겠다는 뜻을 밝혔는데, 서로 답을 피하더라고요. 심각하게 퇴사를 고민했어요."

"같이 일하는 사람들과 좋은 관계를 유지한다는 게 참 힘든 일인 것 같아요. 평소에는 스스럼없이 지내다가도 막상 업무적으로 이해관계가 얽히면 불편해지거든요. 저는 업무적인 관계와 개인적인 관계를 확실히 구분하는 게 편해요. 회사를 그만두면 안 볼 사람들인데, 상대의 기분에 맞춰주기 위해 제 에너지를 뺏기고 싶지 않아요. 그래서 저는 조용히 제 할 일에만 집중하는 편이에요."

퇴사를 선택한 직장인들이 꼽는 첫째 이유는 직무나 조직이 자신과 맞지 않기 때문이고, 둘째는 상사나 동료와의 관계 스트레스 때문이다. 그럴 수밖에 없다. 조직에서는 좋아하지 않는 일도 해야 하고, 불편한 사람들과도 협력해야 한다. 나의 약점이나 치부를 보여야 하는 상황에 놓일 때도 있다. 사람들과 긴밀한 연결관계를 맺는 것이 중요한 과제일 수밖에 없다.

직장에서의 인간관계를 가늠케 하는 단어가 있다. 사람들과 두루두루 잘 어울리는 '인싸(인사이더)'와 그 반대를 가리키는 '아싸(아웃사이더)'라는 단어다. 밀레니얼은 아싸가 되지 않으려고 늘 말과 행동을 조심하고 사람들의 반응에 촉각을 세운다. 어쩌면 그들은 그렇기 때문에 되도록 빨리 일터에서 벗어나 진짜 수평적인 연결의 삶에 접속하려 드는지 모른다.

리더는 밀레니얼의 '적당한 연결' 욕구를 회사에 활력을 불어넣는 고리로 활용할 수 있다. 그러려면 먼저 그들이 사람들과 일하면서 어떤 어려움을 겪는지 파악하고 적절한 도움을 주어야 한다.

밀레니얼: 마음에 맞는 한 사람만 있어도 버틸 만해요

"처음 회사에 들어왔을 때 또래는 없고 5~10년 차이 나는 분들과 일하는 게 너무 어려웠어요. 뭘 묻고 싶어도 혹여 선배들한테 무능하다는 소리를 듣지 않을까, 괜히 귀찮게 하는 건 아닌가 걱정되더라고요. 그러다가 저랑 1년 정도 차이 나는 분이 경력직으로 입사했는데, 정말 큰 도움이 되었어요. 저는 그분한테 회사 분위기와 상사들의 특성을 알려주고, 그분은 저한테 이런저런 업무 팁을 가르쳐주셨죠. 그분을 통해 일하는 법을 많이 배웠어요. 윗분들은 왠지 다가가기 힘든데, 서로 어려운 점을 공유하고 조언해줄 수 있는 마음 맞는 동료가 한 사람만 있어도 직장생활은 버틸 만한 것 같아요."

리더: 경쟁의식으로 멀어지는 그들

"밀레니얼끼리 잘 지내는 것 같지만 깊이 들여다보면 그 안에 경쟁의식이 작동하고 있어요. 누군가 튀는 행동을 하거나 좋은 기회를 얻으면 자연스럽게 무리랑 멀어지더군요. 심지어 편을 갈라 기싸움을 벌이기도 해요. 분위기가 그러면 저도 말 하나 행동 하나에 여간 신경이 쓰이는 게 아니에요. 이런 보이지 않는 갈등까지 풀어줘야 하는 게 리더의 역할이겠지요."

"내버려두세요" 그리고 "다 챙겨주세요"

·

독립적이되 의존적인 그들과 가까워지는 방법

·

밀레니얼의 특징을 한마디로 정리하면 독립적이면서 의존적이라는 것이다. '알아서 하게 내버려두세요'와 '다 챙겨주세요'를 모두 요구한다. 모순적이고 이중적이다. 그들과 함께 성과를 창출하려면 어떻게 해야 할까? 그 방법을 알아보기 전에 그들과 보다 가까워지려면 리더에게 어떤 노력이 필요한지를 살펴보자.

밀레니얼의 요청 vs 리더들의 환상

"우리 회사 간부들에게는 수평적이고 소프트한 리더십이 필요해요."

"직원들이 진짜로 원하는 게 뭔지 알고 리더 자신부터 변해야 조직문화도 바꿀 수 있어요."

"기존의 방식으로는 성과를 내는 데 한계가 있어요. 관리자들에게 코칭 교육을 집중적으로 시키려고요."

기업들은 대개 비슷한 이유로 코칭을 도입하려고 한다. 그런데 어떤 기업은 '현장에서 바로 써먹을 수 있는 팁을 알려달라', '원론적인 것 말고 핵심적인 스킬 위주로 진행해달라'고 요구한다. 그 필요를 이해하지 못하는 것은 아니지만 문제가 있다. 계속해서 새로운 구성원들이 들어오는 상황에서 몇 가지 코칭팁만으로는 그들을 움직일 수 없기 때문이다. 오히려 역작용이 일어난다.

투명하고 인간적인 소통을 원하는 밀레니얼은 리더가 코칭교육을 받고 와서 자신을 실험실의 쥐처럼 다루는 듯한 모습에 반감을 갖는다. 배운 스킬을 대화에 활용할 뿐 실제 업무에서는 달라지는 게 거의 없기 때문이다.

밀레니얼은 자신이 미처 생각지 못한 것을 깨닫게 해주는 멘토, 협력적인 파트너로서 성장을 이끌어주는 코치, 세심하게 가이드해주는 과외 선생님, 따뜻하게 보듬어주는 부모님 같은 리더를 원한다.

리더가 버려야 할 생각들

밀레니얼과 진정한 소통을 통해 함께 성과를 내고 싶다면 내(리더)가 부하(밀레니얼)보다 위에 있다는 생각부터 버려야 한다. 직원을 아랫사람으로만 여기며 자신이 이끄는 대로 그냥 따라오기만 하는 존재로 대하는 것은 곤란하다. 변화가 빠르고 모든 것이 불확실한 시대에는 수직적이고 권위적인 상하관계에서 기대할 것이 없다. '코치형 리더'가 필요한 이유다.

리더들도 이에 대해서는 모두가 수긍한다. 그런데 현실에서는 사뭇 다르다. 왜 그럴까?

바로 코치형 리더에 대한 환상 때문이다. 사람들은 코치라고 하면 따뜻하고 내 말을 잘 들어주는 사람, 내가 가진 문제를 해결해줄 수 있는 사람의 이미지를 떠올린다. 틀린 말은 아니지만 현실과 다른 부분이 있다.

전문 코치들은 고객(상대)과 직접적 이해관계가 없고, 일정한 거리를 유지할 수 있는 위치에 있다. 따라서 상대를 객관적으로 관찰할 수 있고, 문제 해결을 위해 다각도로 협력할 수 있다. 그러나 상사와 부하는 업무적으로 밀접하게 관련되어 있고, 하루 대부분의 시간을 함께 보내며 수시로 서로의 말, 표정, 행동에 영향을 미친다. 게다가 주어진 역할에 대한 기대가 명확하니 매 순간 객관적으로 접근하기가 어렵다. 어떻게 해야 할까?

때로는 따뜻하게, 때로는 냉정하게

코칭교육에서 스킬을 학습하기 전에 반드시 강조하는 것이 있다. 바로 코치형 리더가 가져야 하는 '수평적 마인드'로의 패러다임 전환이다. 인식의 전환 없이는 어떤 꿀팁도 효과를 발휘할 수 없기 때문이다. 수평적이고 협력적인 관계의 시작은 기존의 인식을 바꾸는 것이다. 밀레니얼을 상대하는 오늘의 리더들에게 가장 요구되는 부분이다.

또한 코칭은 상대의 잠재력을 깨워 성장시키는 것이 목적이므로, 리더가 마냥 좋은 이미지만 보일 수 없다는 사실을 직시해야 한다. 성장과 성취는 따뜻한 태도와 달콤한 말만으로는 이루기 어렵다. 때로는 힘든 도전에 직면하게 할 수 있어야 하고 건설적인 비판으로 상대를 깨울 필요도 있다. 밀레니얼과 진정한 관계로 발돋움하기 위해서는 무조건 따뜻한 코치가 되겠다는 생각을 버리고 때로는 냉정하게, 때로는 따뜻하게 대할 줄 알아야 한다. 그 과정에서 손발을 맞춰나가는 균형적 리더십이 필요하다.

코치형 리더들은 평소의 말과 행동에서 그 진가를 드러낸다. 그들은 무엇보다 '존중'의 가치로 사람을 대한다. 성급하게 결과를 채근하기보다 실마리를 제공하거나 함께 찾아보려고 노력한다. 설령 의견이 다르더라도 끝까지 듣고, 질문을 주고받으며, 서로의 생각을 한 방향으로 정렬시킨다.

우리는 무엇으로 연결되는가

흔히 '오늘날은 정답이 없는 시대'라고 말한다. 환경과 사람이 수시로 바뀌기 때문에 정해진 답에 의존하게 되면 더 큰 위기를 부를 수 있기 때문이다. 정답이 아니라 그때 그 상황에 적합한 '해답'을 찾아야 한다. 기존의 지식과 경험에 얽매이지 말고 혁신적 아이디어와 과감성을 더해야 한다.

미국의 경영사상가이자 《루키 스마트》의 저자인 리즈 와이즈먼은 "발전하는 리더는 베테랑과 루키 사이를 오가며 새로운 산에 올라가 새로운 풍경을 보는 사람들"이라고 말했다.[29] 문제가 생겼을 때 베테랑의 면모를 잠시 내려놓고 루키의 자세로 돌아가 질문하고 전문가와 고객은 물론 후배에게도 조언을 구하는 노력을 통해 새로운 시각과 접근 방법을 찾아야 한다는 것이다.

기성세대의 것과 밀레니얼의 것

그렇다면 리더와 밀레니얼이 '우리'가 되어 함께 시너지를 내야 할 때 서로에게 어느 면에서 기여할 수 있을까? 기성세대가 가진 것과 밀레니얼이 가진 것은 무엇일까?

기성세대가 가진 것

- 관련 업종에 대한 지식과 기술(실용적인)
- 성공과 실패 경험
- 조직의 역사와 업의 가치에 대한 이해
- 전문가 네트워크
- 이해관계자들의 욕구 이해
- 장기적 관점의 시야
- 핵심을 찾아내는 통찰력
- 성과 창출에 대한 절박함
- 비판에 대한 균형감
- ⋯⋯⋯⋯⋯⋯⋯⋯⋯⋯⋯⋯⋯⋯⋯⋯⋯
- ⋯⋯⋯⋯⋯⋯⋯⋯⋯⋯⋯⋯⋯⋯⋯⋯⋯

밀레니얼이 가진 것

- 관련 업종에 대한 지식과 기술(이론적인)
- 반짝이는 아이디어

- 조직에 대한 객관적 시각
- 다양한 분야의 트렌드
- 멀티미디어 활용 능력
- 글로벌 역량
- 다양성 감수성
- 스피드
- 협업 마인드
- 성취지향성 & 성장 욕구
- ....
- ....

 탁월한 성과는 결코 리더 혼자서 이룰 수 없다. 영향력을 발휘하여 자신이 가진 것과 밀레니얼이 가진 것을 유기적으로 결합할 수 있어야 한다. 이를 위해 무엇보다 중요한 것이 리더의 자각이다.

공감하는 리더가 먼저 하는 것

 "저는 요즘 젊은 친구들과 통하는 면이 많아요. 편하게 다가오고, 말도 먼저 걸고, 어떤 이야기든 저와 나누려는 모습이 맘에 들어요. 그런데 가끔은 짜증날 때가 있어요. 다른 부서나 사람에 대한 이야기를 할 때 너무 가볍다는 생각이 들어요. 사실관계가 명확하지 않은 이야기들을 전하면서 남들이 그런다고 덩달아 욕을 해요. 일할 때도 마찬가지예요. 자기 생각이나 대안도 없이 안 될 거라고만 얘기할 때는 참기가 어려워요. 제시하는 이유도 사실에 기반하지 않은 게 많고요."

어느 팀장의 고백이다. 밀레니얼과 비교적 잘 통한다는 그가 이런 속마음을 털어놓을 줄 몰랐다. 무엇이 문제일까?

우리는 다른 사람의 어떤 행동은 쉽게 받아들이지만 어떤 행동은 받아들이기 힘들어한다.

'쟤는 도대체 왜 저러는 거야?'

상대의 특정 행동이나 말을 받아들이기 힘든 이유는 평소 내가 품고 있는 생각이나 중요하게 여기는 원칙과 다르기 때문이다. 즉, 자기중심적으로 판단하기 때문이다. 위에서 말한 리더도 다르지 않다. 그는 다른 리더들보다 객관적으로 세상을 보고 신중한 언행을 할 가능성이 크지만, 자신의 가치관과 소신을 우선시할 개연성이 있다.

미국의 감성지능 전문가 대니얼 골먼은 타인에게 공감하고 적절한 대인관계 역량을 발휘하려면 먼저 자신에 대한 명확한 이해가 선행되어야 한다고 강조한다.[30] 자신을 돌아보고 이해할 수 있는 사람은 행동하기 전에 한 번 더 생각하게 된다. 그러면 예기치 않은 불편한 상황이 와도 즉각적으로 결론을 내리거나 상대에게 충고하고 훈계하는 등의 충동적 반사를 줄일 수 있다.

리더가 자신을 돌아보는 데 도움이 되는 질문들

- 나는 어떤 사람인가?
- 나의 성장 배경은 어떠했는가?
- 나의 성격은 어떠한가?
- 나의 강점과 약점은 무엇인가?
- 내가 평소에 중요하게 생각하는 것은 무엇인가?
- 일할 때의 습관은 무엇인가?
- 나는 어느 때 몰입이 잘 되고 어느 때 잘 되지 않는가?
- 지금까지 직장에서 가장 뿌듯했던 경험이 있다면 무엇인가? 어떤 일이 있었고, 어떤 영향을 주었는가?
- 지금까지 직장에서 큰 좌절을 느꼈던 경험이 있다면 무엇인가? 어떤 일이 있었고, 어떤 영향을 주었는가?
- 내가 되고 싶은 리더의 모습은 무엇인가?
- 앞으로 어떻게 살아가고 싶은가?

　밀레니얼은 솔직하게 자신을 오픈하는 리더에게 호감을 갖는다. 리더라고 모두가 전문가일 수 없고, 완벽한 인간은 더더욱 아니다. 리더가 자신의 약점을 인정하고 지위가 낮은 사람에게도 배우려는 자세로 임할 때, 자신만의 가치관과 원칙을 확실히 갖고 있지만 다른 사람에게 이를 강요하지 않을 때 밀레니얼은 함께하고 싶다고 이야기할 것이다.
　리더가 이처럼 자신에 대한 관찰과 이해를 선행하면 밀레니얼과 어떤 관계로 나아갈 수 있는가에 대한 힌트를 얻을 수 있다.

포켓몬 캐릭터에 대한
효과적 접근 방식

"밀레니얼도 밀레니얼 나름이에요. 그 안을 들여다보면 어찌나 개성이 강한지 한 사람 한 사람이 모두 달라요."

그렇다. 그들은 저마다 다르다. 전체적으로 유사한 특성을 보이지만, 알고 보면 제각각의 색깔을 지니고 있다. 섣불리 뭉뚱그려 단정하거나 실체 없는 집단으로 규정해서는 안 된다. 개별화된 존재로 이해하고 다가가야 한다.

진화를 만드는 게이머의 질문

토드 로즈 하버드대 교수는 《평균의 종말》이라는 책에서 개별화된 접근을 강조한다.[31] 평균적인 행동 패턴을 정상적이고 보편적인 증거로 해석하는 것을 경계하라고 말한다. 개인을 있는 그대로의 모습으로 보고, 개인이 가진 고유의 능력, 성향, 강점 등 각자의 가치를 존중해야 하며, 무엇을 좋아하고 어떤 학습이 어울리는지 개인적 특성에 관심을 가져야 한다는 것이다.

그런 면에서 밀레니얼은 각기 다른 포켓몬 캐릭터와 닮았다. 가장 많이 알려진 피카추도 하나의 캐릭터일 뿐이다. 포켓몬은 캐릭터의 종류만 수백 개에 달하고 각 캐릭터별로 강점과 약점, 능력치가 제각각이다. 재미있는 것은 게이머(gamer)가 어떻게 플레이하느냐에 따라 새로운 캐릭터로 진화하기도 한다는 사실이다. 개성이 모두 다른 모습들이 요즘의 젊은 직장인들과 닮았다. 따라서 리더의 세심한 접근이 중요하다. 그에 필요한 질문들을 예시하면 아래와 같다.

왜 그렇게 행동했을까?
어떤 상황에서 동기부여가 될까?
무엇을 좋아하고, 무엇을 싫어할까?
어떻게 대해야 할까?

달라진 밀레니얼의 모습

초롱초롱한 눈으로 들어온 신입사원 시절의 밀레니얼을 기억하는가?

긴장하면서도 기대에 찬 눈빛, 어리둥절해하면서도 침착함을 잃지 않으려는 모습, 그런가 하면 당돌하고 똘끼가 충만한 모습 등등.

그들은 어떻게 변했을까? 여전히 비슷한 모습도 있지만 시간이 흐르면서 그들도 점차 일반적인 직장인의 모습이 되어갔다. 퉁명스럽고 말에 가시가 돋쳐 있기도 하다.

리더들은 현재 그들을 얼마나 이해하고 있을까? 아직도 입사지원서에 실려 있는 정보와 자기소개서 수준에 머물러 있지는 않은가?

밀레니얼에 대한 보다 깊은 이해를 위해 정리의 시간을 가져보기 바란다. 그리고 용기를 내어 자신이 이해한 부분을 밀레니얼과 함께 공유하면서 소통의 기회로 활용해보기를 권한다.

밀레니얼을 제대로 탐구하려면 혼자서 생각하고 판단하지 말아야 한다. 유명 인사를 인터뷰하는 토크쇼 진행자처럼 호기심을 가지고 질문하면서 그들의 이야기를 충분히 들어봐야 한다. 그러면 이해는 깊어지고 관계는 더 가까워질 것이다.

밀레니얼 탐구하기

이름: OOO			
성장 배경			
성격			
강점			
약점			
좋아하는 것			
싫어하는 것			
추구하는 것	R-MISACC	체크 V	구체적 예시
	존중		
	의미		
	재미		
	스피드		
	인정		
	투명		
	연결		
비전이나 인생 목표			
이것을 작성하면서 들었던 느낌이나 생각			

무심한 듯 세심하게

    일본에서 젊은 직장인들에게 큰 반향을 일으킨 유즈키 아사코의 소설 《나는 매일 직장상사의 도시락을 싼다》에는 완벽하고 빈틈없어 보이는 40대 직장상사와 의기소침하고 거절을 잘 못하는 파견직 20대 직원이 등장한다.[32]

    점심값이 비싸 늘 혼자서 도시락으로 점심을 때우는 직원에게 상사는 특별한 제안을 한다. 일주일간 그녀가 싸온 도시락을 자신이 먹고, 직원이 상사의 점심을 대신하는 '점심 역할 바꾸기' 놀이가 그것이다. 매일 비슷한 도시락으로 그저 그런 일상을 보내던 직원은 매일 다른 점심을 먹고 새로운 사람을 만나면서 점점 활기를 되찾는다. 일종의 '놀이'를 통해 직원에게 제대로 된 점심을 먹게 하고, 그 이상의 가치를 경험하도록 하려는 상사의 배려였던 것이다.

이 소설은 가볍게 읽히지만 묵직한 메시지를 던진다. 주인공들은 각각 일본의 버블세대(1965~1969년생으로 일본 사회가 큰 호황을 누리던 '버블경제' 시대에 젊은 시절을 보낸 사람들)와 유토리세대(1987~1996년생으로 탈주입식교육인 '유토리(여유)교육'을 받은 사람들. 창의성과 자율성을 지향하는 교육을 받았지만 학력 저하와 개인주의, 스트레스에 민감한 성향으로 사회에 부적응하는 젊은 세대를 일컫는다)를 대표하며, 두 세대가 어떻게 직장에서 서로 배우고 성장할 수 있는가에 관한 '좋은 연대'의 본보기를 보여준다. 특히 직원을 생각하는 40대 상사의 말과 행동은 '츤데레' 캐릭터의 모습을 전형적으로 제시하며 잔잔하고도 깊은 감동을 선사한다.

이서진을 캐스팅한 한 가지 이유

츤데레라는 말은 인터넷상에서 유행하기 시작하여 지금은 우리에게도 낯설지 않은 단어가 되었다. 사람들은 배우 이서진 씨가 TV 예능프로그램인 〈꽃보다 할배〉와 〈삼시세끼〉에서 보여준 행동들을 '츤데레의 정석'이라고 말하기도 한다. 그는 다소 무뚝뚝한 태도에 투덜대기도 하며 불필요하거나 짓궂은 요구를 하는 제작진에게 쓴소리도 마다하지 않는다. 그런데 가만히 지켜보면 궂은일을 도맡아 하고 어떤 행동을 해도 상대방에 대한 배려에 초점을 맞춘다. 나이가 지긋한 선배들이 불편하지 않도록 세심하게 준비할 뿐 아니라 후배들이 난감해하는 상황에서는 적극적으로 나서서 문제를 해결한다. 후배들이 그의 잔소리와 썰렁한 농담을 기분 나쁘게 듣지 않는 이유는 그의 진심이 무엇인지를 잘 알고 있기 때문이다. 제작진도 어느 인터뷰에서 그를 캐스팅한 이유가 다른 연예인에게서는 찾기 힘든 '가식 없는 모습' 때문이라고 밝힌 바 있다.

사실 밀레니얼이 원하는 리더의 모습은 상당히 복합적이다. 전문가이면서도 겸손한 태도를 유지한다. 자신감이 넘치고 당당하면서도 자신의 실수나 약점도 스스럼없이 인정한다. 부드럽고 온화한 성품을 지녔지만 때로는 단호한 의사결정과 추진력을 발휘한다. 일의 방향과 우선순위를 알려주지만 그 외의 것들에 대해서는 직원들의 자율성에 맡긴다 등이다. 무엇보다도 그들은 진실하게 배려하는 리더를 좋아한다. 사람들에게 보이는 모습과 자신의 실제 모습이 일치하며, 윗사람이든 아랫사람이든 사람으로 존중해주고 예의를 지켜주는 리더를 따른다.

밀당의 귀재들

지금처럼 모호하고 불확실한 환경일수록 한쪽으로 치우친 리더십 스타일은 환영받지 못한다. 세대가 다르고, 출신 배경이나 성격이 모두 다른 이질적인 구성원들이 많을수록 리더가 부드러우면서도 강력한 리더십의 균형을 유지하는 것이 중요하다.

일터에서 만난 밀레니얼의 말을 종합하면 그들이 선호하는 리더들에게서 한 가지 공통점을 발견할 수 있다. 자신의 성공을 위해 달려가기보다 함께 하는 사람들을 성장시키는 데 집중하고, 그것을 바탕으로 공동의 성과에 집중한다는 것이다. 밀레니얼에게 필요한 부분을 정확히 간파하여 지원하되, 그렇지 않은 것들은 무심한 척 지켜본다. 따뜻한 말로 공감하며 격려하는 한편으로, 단호한 지적으로 도전에 직면하게도 한다. 밀레니얼의 필요와 미묘한 심리를 파악하여 적절하게 대응하는 리더들은 한마디로 밀당(밀고 당기기)의 귀재라고 할 수 있다.

IV

그는 어떻게 그들의 마음을 움직였을까?

•

밀레니얼과 통하는 리더들의 7가지 비밀

•

리더는 '종합 예술인'과도 같다. 전문성은 물론 통찰력과 친화력, 표현력 등 모든 면에서 높은 수준의 능력이 요구되기 때문이다. 리더들이 자신만의 스타일로 '예술작품'을 탄생시키기 위해 고군분투하는 과정에서 효과적이었던 것은 무엇이고 그렇지 않았던 것은 무엇일까?

리더들과 '의미 있는 대화'를 통해 그들의 생생한 스토리를 접할 수 있었다. 그중에서도 리더들이 직접 시도해본 일과 성과, 배운 것, 밀레니얼과 소통하며 터득한 지혜를 소개한다. 같은 리더로서 '나만 힘든 게 아니구나' 하는 위안과 '좋은 방법이네. 나도 한번 시도해봐야겠다'와 같은 새로운 해답을 얻을 수 있을 것이다.

그들은 어떻게 통했을까?

리더들이 밀레니얼과의 관계에서 효과가 있었다고 이야기한 방법이나 그들과 가까워질 수 있었던 언어와 행동, 기대와 달랐던 반응 등을 종합한 결과, '7가지 비밀'을 알아낼 수 있었다.

밀레니얼과 통하는 리더들의 7가지 비밀

사각지대 없이
소통하기

투명
Clearance

연결
Connect

팀으로 연결하기

인정
Acknow
-ledge

존중
Respect

상대방 중심으로
대화하기

의미
Meaning

랜덤으로 인정하기

큰 그림 같이 보기

요청은 신중히
검토는 빠르게

스피드
Speed

재미
Interest

신나게 일하도록
믿고 맡기기

※자신의 경험과 생각을 들려준 리더들은 연령으로는 40대 초반에서 50대 후반, 직급으로는
차장에서 임원, CEO까지 매우 다양하다. 대화 역시 직접 인터뷰, 코칭, 워크숍 등 여러 경로
를 통해 이루어졌다.

01

싫존주의, 아시죠?

'싫존주의'라는 말이 있다. '싫어하는 것도 존중해달라'는 젊은이들의 말이다. 취향 존중을 뜻하는 '취존'보다 한발 더 나아갔다. 아무튼 그들은 존중받기를 원한다. 그러니 싫어하는 것까지 존중해달라는 것 아닌가.

밀레니얼은 정치적 신념이나 종교적 믿음에서부터 사소한 음식 취향까지, 더 나아가 싫어하는 것조차 거리낌 없이 밝히고 그 자체로 인정받을 수 있기를 바란다.

그렇다면 밀레니얼은 일터에서 어느 때 존중받는다고 느낄까?

● 섣불리 조충평판(조언, 충고, 평가, 판단)하지 않을 때
● '답정너(답은 정해져 있고 너는 대답만 해)'를 강요하지 않을 때

125

- 식사 메뉴 같은 사소한 것도 먼저 물어봐줄 때
- 반대 의견이나 거절 의사도 수용될 때
- 말을 중간에 끊지 않을 때
- 전에 했던 얘기를 기억할 때
- ....
- ....

존중을 추구하는 밀레니얼은 자신이 어떤 집단에 속해 있는 일개 개인으로 취급받기보다 자신의 목소리를 가진 특별한 존재로 인식되고 싶어 한다. 따라서 리더의 생각을 그대로 전달하는 일방적 대화가 아닌, 상대방의 이해와 공감을 불러일으키는 '상대방 중심의 대화'를 선호한다.

부먹이 진리죠, 그리고 찍먹도 좋아요

A: 역시 탕수육은 부먹이 진리죠.
B: 아니죠. 탕수육은 찍먹이에요.

취향 하나 고백한 것뿐인데 왠지 분위기가 심상치 않다. 자기주장이 강한 사람들의 대화가 그렇다. 그들은 상대방을 통제하고 설득하려 든다. 상대방의 말을 듣지만 진짜 듣는 것이 아니다. 나와 의견이 비슷한지 다른지를 확인하고, 다르면 본인의 뜻에 맞추려 든다.

탕수육에 대한 부먹 찍먹 논란에서처럼 그들의 대화는 'No because' 방식이다. 상대방의 말에 일단 부정하고 자신의 의견을 덧붙이는 식이다. 이유를 불문하고 먼저 아니(No)라고 대꾸함으로써 대화는 단절된다. '내 의견이 거절당했다'는 느낌에 상대방이 더 이상 말할 필요를 느끼지 못하기 때문이다.

설사 상대방의 의견에 동의하지 않더라도 개방적인 태도로 예(Yes)라고 반응하면 대화가 어떻게 달라질까?

A: 역시 탕수육은 부먹이 진리죠.
B: 그렇죠. 부먹이 진리죠. 그리고 찍먹도 좋아요.

먼저 상대방의 말을 긍정적으로 수용해주고 자신의 의견을 덧붙이는 것을 'Yes and 대화법'이라고 한다. 이 대화법을 사용하면 의견을 말한 사람이 거절당했다는 느낌을 갖지 않고, 오히려 '아, 나의 의견을 존중하는구나', '그럴 수도 있겠구나' 생각하게 된다. 유머러스하고 참신하다는 인상까지 줄 수 있다. 또 더욱 다양한 아이디어를 탐색하도록 돕는다.

Yes and 대화법은 밀레니얼과의 업무 논의에서도 유효하게 적용할 수 있다.

No because 대화의 예

A: 팀장님, 이번 간담회에는 외부 강사를 부르는 게 좋겠어요.
B: 안 돼, 지난번에 불렀는데 반응이 별로였잖아. 예산도 없어.

A: 팀장님, 이번 간담회에는 외부 강사를 부르는 게 좋겠어요.

B: 그래, 좋은 생각이야. 예산을 고려해서 내부에서 진행할 수 있는 방안도 생각해보자.

단, 이 대화법은 분명하게 Yes or No로 답해야 하는 상황에서는 사용을 주의해야 한다. 찬반 의사를 확실히 밝혀 결론을 내야 할 때에는 자신의 생각을 그대로 표출하여 논란의 여지를 최소화할 필요가 있다. 그런 경우가 아니라면 Yes로 반응하는 것이 좋다. '당신의 의견이 틀리지 않았다'는 뜻과 '나도 당신과 다르지 않다'는 점을 전달하여 공감대를 형성할 수 있기 때문이다.

직원들의 말에 긍정적으로 반응하는 리더들은 실제로 어떻게 대화를 이끌어갈까?

"상사들이 제일 많이 쓰는 말이 이거에요. '아니', '그건 됐고', '(인상 쓰며) 뭐?' 등등. 저도 안 쓰려고 노력은 하지만 여유가 없다 보면 자동적으로 그런 말이 튀어나오게 되죠. 그러면 대번에 직원 표정이 싹 바뀌는데, 그 순간 '아차' 하며 바로 말을 수정하죠. '아, 네 의견이 잘못되었다는 게 아니야. 다만 내 생각에는…' 이런 식으로요. 〈무한도전〉에 나온 유명한 영상 있잖아요. 상대방이 어떤 말을 해도, 심지어 부글부글 끓게 하는 말을 해도 '그렇구나. 네가 힘들었구나' 하며 손잡아주는 장면. 재미로 만들었겠지만 생각해볼 만한 장면이었어요."

소통으로 이끄는 사소한 질문

A: 오늘 점심은 설렁탕으로 하지?

B: (헐, 뭔데 내 점심 메뉴까지 정하는 거야? 괜히 싫다고 하면 여러 사람 피곤해지겠지?) 네, 가시죠.

습관적으로 선호하는 것을 이야기했을 때 직원들이 아무 말 없이 수긍했던 경우가 있었는가? 그렇다면 잘 생각해보기 바란다. 그들이 정말 나와 같은 생각이었을까?

상대방 중심 대화의 두 번째 방법은 '사소한 것도 먼저 물어보기'다. 밀레니얼은 일방적인 상사의 태도를 언짢아한다. 점심식사와 회식 메뉴, 워크숍 일정 등 사소해 보이는 부분도 상의해주기를 바란다.

밀레니얼은 이구동성으로 자신들이 원하는 소통 방식은 '쌍방향 소통'이라고 말한다. 그들은 어릴 때부터 질문을 주고받는 대화 방식에 익숙하다. 상대방도 나의 생각과 같은지 다른지 먼저 물어보는 것이 예의라고 생각한다.

질문은 '당신과 소통하고 싶다'는 마음을 드러내는 행위다. 상대에게 대화의 주도권을 부여하고, 어떤 의견이든 존중해줄 준비가 되어 있다는 뜻을 전달하는 것이다. 그런데 쉽지 않다. 질문을 잘하는 리더들은 어떻게 했을까?

"질문만 잘해도 소통의 반은 이루어진 거라고 할 수 있죠. 요즘 애들은 교장선생님의 훈화 말씀이 시작되면 그냥 귀를 닫는 친구들이니까요. 사실 저도 질문의 중요성은 알고 있었지만, 처음에는 형식적으로만 다가갔던 것 같아요. 어떻게 보면 질문을 가장한 조언이나 충고였죠. 가령 '이건 이렇게 해선 안 될 것 같은데, 어떻게 해야 할까?' 이렇게 말하면 대다수 직원들이 '알겠습니다. 고칠게요' 하고 말아요. 뭔가 부족하다고 느꼈죠. 그래서 방법을 바꿔봤어요. 질문을 해야 한다는 강박을 내려놓은 거죠. 그때그때 수시로 질문을 하거나 호기심이 생기면 곧바로 물어봐요. 꼭 업무 얘기만이 아니라 사적인 대화에서도 자연스럽게 하려고 해요. '그건 뭐야?', '오늘 기분이 어때?', '이거 어떻게 생각해?' 이런 식으로요. 지금은 굳이 질문할 타이밍을 찾지 않고 자연스럽게 이야기를 나누는 편이에요."

자연스러운 질문이 대화를 원활하게 만든다. 나를 내려놓고 상대방이 편하게 이야기할 수 있게 질문하는 것이 중요하다.

"밀레니얼과 일할 때 질문은 필수예요. '했어, 안 했어?', '도대체 왜 그러는 거야?' 이렇게 취조하듯 하지 말고, '~은 어때?', '어떻게 생각해?'와 같은 질문을 달고 사는 거죠. 처음에는 질문을 하려고 한 게 아니라 요즘 신입사원들은 대하기 어렵고 불편하다는 말이 많아서 심기를 건드리지 말자는 차원으로 시작했어요. 그런데 알고 보니 그들도 저를 어렵고 불편하게 생각하고 있더군요. 문제는 무조건 내 방식대로, 내가 편하게 행동해도 된다는 생각이었어요. 그걸 깨닫고 상사인 저부터 직원들을 대하는 방식을 바꾸니까 그 친구들도 더 예의를 갖추게 되었고, 먼저 물어봐주기도 하더라고요."

리더는 질문을 던짐으로써 대화의 주도권을 직원에게 넘겨주게 되고, 선택지를 받아든 직원은 적절한 답변을 떠올리며 생각을 정리하게 된다.

또 자신이 한 말과 일치된 태도를 유지하기 위해 적극적인 태도로 임하게 된다.

작은 것이라도 질문하여 '존중'하는 태도를 일상화할 필요가 있다. 면담이나 보고 시간에 하는 질문도 중요하지만, 평소에도 진심을 담아 가벼운 질문을 던지는 것, 그리고 무엇을 시작하기에 앞서 먼저 물어보는 것이 좋다. 그러면 단순한 정보나 사실에 치중한 대화보다 더 풍성하게 대화를 이끌어갈 수 있다. 더 친밀해지는 관계, 더 깊어지는 신뢰는 덤이다.

사소하지만 강력한 질문들

- 오늘 점심은 뭘 먹을까요?
- ○○건에 대해 얘기를 나누고 싶은데, 어느 시간대가 편해요?
- 고객사와의 미팅 때 우리 역할을 어떻게 나누는 게 효과적일까요?
- A프로젝트는 어떻게 되어가고 있나요? 혹시 어려운 점 있어요?
- 내가 도와줄 건 없나요?
- 난 B안이 더 깔끔해 보이는데…, ○○○ 씨는 어떻게 생각해요?
- 오늘 신입사원 면접에 들어가는데, 내 모습이 어때 보여요?
- 혹시 말하고 싶었는데 말하지 않은 게 있나요?

온몸으로 들으면 다 들린다

> 박 대리: 김 대리가 분명히 오전에 주문서를 넘겨주기로 했는데, 아직 못 받았어요. 오늘 처리 못 하면 제 잘못이 되어서요….
>
> 오 팀장: (말을 끊으며) 아, 그러니까 김 대리가 문제라는 거지?
>
> 박 대리: 아뇨. 김 대리가 문제라는 게 아니라, 이번에 처리가 늦어지면 제가 곤란해진다고요. 그래서….
>
> 오 팀장: (또 말을 끊으며) 그러니까 김 대리가 빨리 주면 문제없다는 거잖아?
>
> 박 대리: 음…, 그렇긴 하지만, 그런 건 아니고… 아니에요.

박 대리는 무슨 말을 하고 싶었던 걸까? 중간에 자신의 말을 끊으며 자기 마음대로 판단해버리는 팀장에게 벽을 느끼지 않았을까?

듣는 도중에 상황을 예단하거나 결론을 유추해서 직원의 말을 끊어버리는 리더들이 있다. 용기를 내어 의견을 말하는 직원 입장에서는 갑자기 차단당했다는 느낌을 받고, 자신의 의견을 귀담아 듣지 않는 상사에게 '존중받지 못했다'는 생각이 들 수밖에 없다.

리더들은 "팀원들이 무슨 말을 하든 들어주기 위해 노력한다"고 말한다. '들어준다'는 것은 좋지만, 아랫사람에게 무언가 베풀어준다는 뉘앙스를 풍기는 것도 사실이다. 그러다가 듣기가 힘들어지면 이렇게 말해버린다.

"들어주는 데도 한계가 있지."

리더들이 듣기를 어려워하는 이유는 뭘까?

- 리더는 해결하는 사람이므로 빨리 답을 주어야 한다고 생각한다.
- 우물쭈물하거나, 요점을 말하지 않거나, 장황한 설명은 참기 힘들어한다.
- 기대한 답이 아니면 더 이상 들을 필요가 없다고 판단한다.
- 듣는 것은 '요구를 수용하는 것'이고 '내가 지는 것'이라고 오해하기도 한다.

듣는 행위는 상대방의 주장이나 의견에 동의하든 안 하든 그의 말에서 욕구나 감정, 기분을 살피는 과정이다. 그런데도 리더들은 대화할 때 자신이 알고 있는 것이나 느끼는 것을 어떻게 전달할지에만 집중하는 경향이 있다. 경청하지 않는 것이다. 경청은 상대방이 무엇을 말하는지 관심을 가지고 해석하며, 말뿐만 아니라 동작과 침묵까지 파악하는 기술이다. 그래서 경청하게 되면 의견 일치는 아니더라도 서로에 대한 이해의 폭을 넓힐 수 있다.

팀원: 미팅을 가졌는데 자기네가 했던 건 생각 안 하고 우리 서비스만
  잘못되었다고 따지잖아요. 짜증나게….
팀장: 헐, 따졌어? 진짜 짜증났겠다!

듣기를 잘하는 첫 번째 방법은 앵무새처럼 '상대가 말한 것을 그대로 되돌려주는 것'이다. 단순히 듣는 것을 넘어 상대의 말을 다시 되돌려주면 상대는 '나에게 집중하고 있구나'라고 생각한다.

여기서 더 나아가 상대가 말할 때의 어조와 표정, 제스처까지 따라 한다면 더 좋은 인상을 줄 수 있다. 사람은 누구나 공감할 수 있는 능력을 가지고 있다. 조금만 노력을 기울이면 상대방이 하는 말의 맥락이나 감정을 반사적으로 이해할 수 있으므로, 말하는 상대를 따라 하는 습관을 들이면 자연스레 그가 전하고자 하는 말뜻을 온전히 들을 수 있게 된다.

잘 듣기 위한 두 번째 방법은 말을 하는 상대의 진짜 의도와 생각을 이해하면서 듣는 것이다. 듣고, 따라 하는 수준 이상의 '온몸으로 듣기'가 필요하다. 사람은 말과 행동 등 겉으로 보이는 부분만이 아니라 드러내지 않고 침묵하는 부분에도 많은 의미를 품고 있다. 온몸으로 듣기는 바로 그가 지금 말하고 있는 내용의 밑에 깔려 있는 진짜 의도와 감정까지 알아차리는 것이다.

온몸으로 듣기 위해서는 연습이 필요하다. 말을 듣고 떠오르는 나의 생각을 잠시 붙잡고 있어야 한다. 서둘러 이야기를 꺼내지 말고 아래의 질문을 계속 떠올려야 한다.

'지금 이 사람이 나에게 이야기하고 싶어 하는 것은 무엇일까?'

그가 억울하고 속상했던 이야기를 털어놓으면 자신이 얼마나 힘들었는지 이해해달라는 의미다. 기쁘고 자랑스러웠던 일을 말하면 노고와 성과를 인정해달라는 뜻이다. 오롯이 그의 입장에 서서 생각하면 온몸으로 들을 수 있다.

그는 왜 그랬을까?
뭐가 문제였을까?

무엇을 원하는 걸까?

지금은 어떤 심정일까?

나한테 말하고자 하는 핵심은 무엇일까?

이와 같은 질문을 통해 상대를 보다 깊이 이해할 수 있어야 한다.

> 박 대리: 김 대리가 오전에 주문서를 넘겨주기로 했는데, 아직 못 받았어요. 오늘 처리 못하면 제 잘못이 되어서요.
>
> 오 팀장: 처리가 늦어질까봐 걱정하는 거네. 그런데 박 대리의 잘못이 된다는 건 무슨 말이야? 전에도 이런 일이 있었나?
>
> 박 대리: 네, 저는 검토해서 넘겨주는 것뿐인데, 재무팀에서는 그렇게 생각 안 하거든요. 지난번에도 좀 늦었다고 싫은 소리를 들었어요.
>
> 오 팀장: 그러니까 늦게 처리되면 박 대리만 비난을 받게 돼 불편하다는 거네. 이게 한두 번이 아니었다면 엄청 억울했겠다.
>
> 박 대리: 네, 맞아요. 근데 김 대리 탓하는 건 아니에요. 그쪽 사정도 있을 테니까 제가 뭐라 하기도 어렵더라고요.
>
> 오 팀장: 딱 중간에 끼여서 박 대리 입장이 곤란했겠다. 한두 번이 아니라면 그쪽 팀이랑 상의해서 절차를 보완해야 할 듯싶은데. 일단 알겠어. 얘기해줘서 고마워.

말이 통하는 리더가 되고 싶은가? 그렇다면 오 팀장처럼 온몸으로 듣는 언어 습관을 들여보기 바란다. 존중에 기반한 대화, 진실성 있는 교감을 이룰 수 있을 것이다.

Q 불렀는데 말을 안 해요

"다들 소통이 부족하다, 대화가 필요하다고 해서 얘기하자고 부르면 말을 잘 안 해요."

"다른 사람들과는 잘만 얘기하면서 저랑 대화할 땐 어찌 그리 말이 없는지…."

소통을 원한다고 하면서 정작 기회를 만들면 말을 하지 않는 밀레니얼이 많다. 먼저 다가가도 형식적인 말만 하고 마음을 열지 않는다. 리더들은 힘이 빠진다. 그러나 여기서 멈추면 더 이상의 진전을 기대할 수 없다.

밀레니얼의 입장에서 생각해보자. 팀장이 대화를 요청할 때 어떤 생각이 들까? 한 밀레니얼은 이렇게 말한다.

"'왜 갑자기 대화를 하자는 거지? 최근에 잘못한 게 있었나?' 이런 생각이 들어요."

한마디로 의구심과 불안감이 든다는 것이다. 평소 관계가 어려웠던 상사라면 더 그럴 것이다.

밀레니얼이 말을 아끼는 이유는 다양하다.

첫째, 평소 이야기를 많이 나누지 않았다면 갑작스러운 대화는 부자연스러울 수밖에 없다. 게다가 상사와 부하처럼 수직적인 관계에서는 대화의 주도권이 상사에게 있으므로 형식적으로 흐를 수밖에 없다.

둘째, 정말 몰라서 대답을 못 할 수도 있다. 밀레니얼도 상사의 기대에 부응하고 싶어 한다. 그러나 생각해보지 않은 질문을 받으면 자신의 생각을 조리 있게 말하는 데 어려움을 느낄 수 있다. 주제가 어렵거나 질문이 모호하면 더 그럴 것이다.

셋째, 밀레니얼은 상사와의 면대면 대화 방식을 어려워한다. 고객이나 같은 공간에 있는 동료들과도 온라인 메신저로 소통하는 것을 편안해하는 그들이다. 채팅할 때는 이모티콘을 적절히 써가며 대화에 능동적인 모습을 보이기도 하지만, 막상 얼굴을 마주하고 이야기할 때는 어색해할 수 있다. 이렇게 말하는 밀레니얼도 있다.

"굳이 불러서 얘기하자고 해놓고는 한 시간 내내 본인 얘기만 늘어놓는 걸요?"

"윗분들이 소통하기 위해 노력하는 건 알지만, 너무 과제처럼 생각하시니까 저도 불편하고 어색해요."

일차적 문제는 리더의 소통 방식이다. 그렇다면 말을 하지 않는 밀레니얼에게 자연스럽게 다가가 입을 열게 하는 방법은 없을까? 도움이 될 만한 리더들의 경험과 조언을 소개한다.

"일단 젊은 친구들이 선호하는 소통 방식이 무엇인지를 알아내는 게 중요하더라고요. 어떤 친구는 진짜 1:1로 마주보고 이야기하는 걸 어려워해요. 그런 친구들에게는 이메일이나 메신저로 업무상 얘기를 많이 했어요. 대면할 때는 되도록 짧게 대화하고요. 그리고 조금 마음이 열렸다 싶을 때, 함께 식사하거나 이동할 때 가볍게 개인적인 얘기를 나눠보니까 어색함이 많이 풀리더라고요."

"저는 임원이라 아무래도 젊은 친구들이 어려워해요. 그래서 대화시간에 최대한 압박을 주지 않는 것을 목표로 합니다. 이래야 한다, 저래야 한다며 시시콜콜 이야기하지 않아요. 그냥 대화를 통해 우리 직원들이 무엇에 만족해하고, 무엇을 불편해하는지 정도만 알려고 해요. 직원들이 '아, 우리 임원이 우리 일에 관심이 있구나. 신경 쓰고 있구나' 생각한다면 다행이지요. 그래서 최대한 개인적인 이야기를 나누려고 애써요. 그때그때 호기심을 갖고 질문하는 거죠. 어떤 고민이 있는지, 무엇을 할 때 즐거운지 등을 물어보면 의외로 저랑 비슷한 면이 많은 친구들도 있더군요. 그러면 더 신이 나죠."

"대화가 통하려면 공통점을 찾거나 그 직원의 사소한 일상을 기억하는 게 좋아요. 예전에 어떤 상사분이 제 자녀의 이름과 생일까지 기억해준 적이 있는데 굉장히 고마웠어요. 저희 팀원들 중 한 명은 유명 아이돌의 팬이고, 또 다른 팀원은 여행을 좋아해요. 아이돌의 기사가 뜨면 관심을 가지고 물어봐주고, 여행 계획을 짤 땐 여행을 좋아하는 친구를 불러 의견을 물어보죠. 그게 대화의 시작이에요."

사람은 말이 통하는 느낌이 들지 않으면 좀처럼 입을 열지 않는다. 공감이 되어야 마음을 열고 입을 열 수 있다. 공감이란 그 사람의 입장에서 생각하는 것이다. 나와 다르다고 느껴도 인내심을 가지고 들어보면 크게 다르지 않다는 것을 발견할 수 있다. 그렇게 공통점을 한두 가지 알게 되면 자연스럽게 공감대가 형성되고, 대화의 물꼬가 터지면 더 편하게 소통하는 관계로 발전할 수 있다.

어색함을 없애고, 친밀함을 높이는 질문들

- 요즘 가장 신경 쓰는 일은 뭐예요?
- 주말이나 여가시간에는 주로 뭐해요?
- 좀 더 여유가 생기면 무엇을 해보고 싶어요?
- 요즘은 무얼 즐겨 보나요?(영화나 드라마)
- 최근에 다녀온 여행지 중 괜찮은 곳은 어디였어요?

- 요즘 당신을 기쁘게 하는 일은 무엇인가요?
- 닮고 싶은 사람이 있나요? 어떤 이유에서요?
- 친구들 사이에서 별명은 무엇이었나요?
- 어릴 때 장래 희망이 뭐였나요?
- 회사 사람들이 모르는 자랑거리가 있다면 무엇인가요?

　주의할 점이 있다. 평소에 밀레니얼과의 대화가 많지 않았다면 위와 같은 질문도 자제할 필요가 있다. 업무적으로만 소통하던 사이에서 정서적 소통으로 급선회하는 것은 상대에게 부담으로 작용할 수 있기 때문이다. 이럴 때는 현재 함께 하고 있는 업무에 대해 "최근에 ○○○건은 어떻게 되고 있어요?" 등으로 편안하게 대화를 유도하는 것이 낫다.[33]

　또한 관심을 보인다는 것이 사생활을 캐는 것으로 오해하게 해서는 안 된다. 자연스러운 대화 속에서 흥미와 관심사를 포착하는 것이 중요하며, 정치나 종교를 둘러싼 개인적 신념이나 사생활과 관련된 질문은 피하는 것이 좋다. 또한 어느 학교를 나왔고, 어디에서 사는지, 부모님의 직업이 무엇인지와 같은 신상 정보에 그치지 말고 그들의 관심사나 흥미, 취미, 자신만의 비전이나 꿈과 같은 내면적인 욕구에 관심을 기울이는 것이 중요하다.

02

같이 보면 '그림'이 달라진다

정 팀장: 박 대리, 이번에 조찬행사 준비는 잘 돼가고 있어?

박 대리: 네.

정 팀장: 물품은 빠진 것 없이 다 주문했지? 사람들 참석 여부는 모두 확인
       해봤고?

박 대리: 네, 근데 저는 그날 모니터링만 하나요?

정 팀장: 그래.

박 대리: 왜요? 그건 다른 사람들도 하는데….

정 팀장: 왜냐고? 박 대리, 하고 싶은 말이 대체 뭐야?

141

밀레니얼은 의미를 중요시한다. 자신이 무엇에 기여하고 있는지, 자신의 일이 어떤 가치가 있는지 알고 싶어 한다. 주어진 역할과 해야 할 업무를 묵묵히 수행하기보다 직접 일의 의미와 가치를 확인해보려고 한다. 기성세대처럼 '지금은 잘 모르지만 언젠가는 이 경험이 나에게 득이 되겠지?'라고 생각하며 일에만 충실하려는 밀레니얼은 드물다. 왜냐하면 맹목적인 근면과 성실이 꼭 좋은 성과로 이어지는 것은 아니라는 사실을 너무도 잘 알기 때문이다.

왜 이 일을 해야 하는가를 질문하는 밀레니얼에게 아래와 같이 대꾸하면 어떤 기분이 들까?

"그런 질문은 네가 처음이야."

"그냥 하는 거야. 여기 있는 사람들도 다 그렇게 해왔어."

"왜긴, 필요해서 하는 거지. 왜 필요하겠어? 다 회사가 돈 벌려고 하는 거지."

"주니어 때는 일을 가려서 하는 거 아니야. 맡겨진 일도 감사하게 받아야지."

조금만 생각을 바꿔보자. 주어진 일에 아무런 질문 없이 묵묵하게 일하는 사람과 질문을 통해 기대 수준을 맞추면서 일하는 사람 중에 누가 더 리더에게 도움이 되겠는가?

설명은 영혼을 담아서

"지금부터 이 대리한테 'A캠페인' 준비를 맡기려고 하는데, 이 일이 왜 필요한지 설명해줄게. 작년에 우리 회사가 A캠페인을 추진했는데 잘 안 됐어. 사전에 고객 니즈를 들어보지 않고 무리하게 추진했다가 접었지. 그래서 직원들 말이 엄청 많았다고, 그 많은 비용을 다 어디에 쓴 거냐, 고객들이 자꾸 문의하는데 뭐라고 답을 해줘야 하느냐 등등. 그런데 경영진은 캠페인을 잘만 준비하면 파급력이 대단할 거라고 생각하거든. 나도 같은 생각이야. 캠페인이 잘 되면 모객도 쉬워질 거고, 매스컴에 소개되면 자연스럽게 우리가 무슨 일을 하는지 세상에 알려질 테고, 그럼 일하기가 수월해질 거야. 이 대리도 이번 기회에 경험도 쌓고, 잘 하면 입지도 좋아질 거야. 그래서 자네가 해줬으면 하는 일은…."

업무를 맡길 때는 이처럼 일의 의미와 함께 당사자에게 어떤 가치를 가져다주는지를 설명해주어야 한다. 밀레니얼은 이미 알고 있는 것이라고 해도 친절하게 설명해주는 상사의 배려에 감동을 받는다.

사소한 일이라도 처음 지시하거나 위임할 때는 의미와 맥락을 설명해주는 것이 좋다. 특히 조직에 들어온 지 얼마 안 되는 신입사원에게는 더욱 그래야 한다.

일의 의미와 맥락을 설명하는 내용들
● 일의 배경
　－조직의 내·외부 환경

－업무의 내력(성공 및 실패 요인)

● 일의 목적

－최종 목표

－기대 효과

● 핵심 이해당사자의 기대 사항

● 일의 주요 흐름과 각 단계별 주안점

● 주변 부서와의 업무 연계성, 담당자의 역할

● 전임자의 고충

● 일을 완수했을 때 담당자가 얻게 되는 이익

'있어빌리티' 라는 이름의 성취 욕구

'있어빌리티'라는 말이 있다. '있다'와 능력을 뜻하는 영어 'ablity(어빌리티)'가 합성된 말로 '있어 보이는 능력', 즉 나를 포장하는 그럴싸한 어떤 것을 의미한다. 더럽고 어지러운 책상 위에 놓인 예쁜 커피잔만 찍어 SNS에 올리는 것처럼 나름 여유로운 일상을 추구하고 있다고 남들에게 과시하는 행동이다.

밀레니얼은 있어빌리티 정신을 일터에서도 보여준다. 일상의 잡무보다는 돋보이는 일을 하고 싶어 한다. 그들에게 '있어 보이는 업무들'은 무엇일까?

- 자신이 주도해나갈 수 있는 일

- 고객이나 이해관계자와 직접 대면하여 존재감을 느낄 수 있는 일

- 회사의 큰 그림에 의견을 제시하여 변화를 도모할 수 있는 일

한 밀레니얼의 말을 들어보자.

"밀레니얼을 채용할 때 회사가 내걸었던 이미지들 있잖아요. 그거예요. 한마디로 전문가 느낌? 게임회사에 들어온 사람들은 자신이 꿈꾸던 게임을 세상에 내놓고 싶어 하죠. 그런데 현실은 밤새 코딩만 하고 있어요. 저희 회사는 고객을 선도하는 컨설턴트를 양성한다고 공언했는데, 저는 매일 그래프만 그리고 있어요."

사실 프로그래머는 코딩을 하면서 프로그램이 어떻게 탄생하는지 알게 되고, 컨설턴트는 그래프를 그리면서 자료를 파악하고 의미를 도출해내는 방법을 터득한다. 그런데 그들은 더 높은 수준의 업무를 요구하거나 더 큰 권한을 기대한다. 이럴 때 현명한 리더들은 어떻게 대응할까?

우선, 그들은 밀레니얼이 가진 건강한 성취 욕구를 인정한 후 대화를 이어나간다.

"가끔 일에 욕심을 보이는 친구들이 있어요. 처음에는 그 친구의 능력을 잘 모르니까 단순한 것만 맡겼는데 점점 요구하는 수준이 높아지더군요. 저도 이제 겨우 시작하는 업무들인데 말이죠. 처음에는 당황스러웠는데 다시 생각해보니 이게 '웬 떡이지?' 싶기도 해요. 아니 더 큰일을 맡고 싶다는데 말리는 게 이상한 거죠. 아직은 때가 아니라며 돌려보내거나 회피하기보다는 일단 그 친구가 가진 성취 욕구를 인정해주는 게 필요하다고

봐요. 그러고 나서 그 일에서 요구되는 역량을 같이 얘기해보는 거죠."

그다음은 질문과 충분한 경청을 통해 밀레니얼의 의도와 속마음을 들여다본다.

"일단 그 일을 하고 싶어 하는 이유를 물어보는 편이에요. 대체적으로 빨리 성장하고 싶은 게 이유예요. 지금의 기회를 활용해야만 전문가 트랙으로 정착할 수 있다고 믿죠. 그 친구 말이 맞을 수도 있어요. 다른 사람들보다 한 발 두 발 앞서서 바라보는 점은 대단한 것이라고 생각해요."

어쩌면 그들이 가장 필요로 하는 것은 자신의 성장 경로에 대해 진중한 관심을 갖고 이야기를 나누어줄 파트너일지 모른다.

"저는 그 자리에서 된다, 안 된다고 하기보다는 계속 이야기를 나누는 편이에요. 회사 내에 전문가로 성장한 사람들이 어떤 경로로 그 자리까지 갔는지도 같이 알아보고, 회사가 원하는 수준으로 해내려면 무엇이 필요한지도 얘기하고요, 그 일을 함으로써 현실적으로 포기해야 하는 것들이 무엇인지도 확인하고요."

밀레니얼이 더 높은 수준의 일을 요구할 때는 먼저 자신의 존재를 확인하고 더 발전하고 싶어 하는 그들의 마음을 인정해주는 것이 좋다. 그런 다음 지금 당장 업무를 맡길 수 없는 이유를 논리적으로 설명하면 대부분 수긍한다. 더불어 상사에게 자신의 적극적인 태도와 능력에 대해 충분히 전달했다고 생각하고 다음 기회를 기다리게 된다.

그들은 로봇처럼 주어진 일만 하며 더 이상의 발전을 도모하지 않는 직원들에 비해 훨씬 의욕적인 인재들이다. 일을 통해 성장하려는 모습은 리더로서 힘껏 칭찬해주어 마땅하다.

밀레니얼의 건강한 성취 욕구를 인정하는 말들

- 지금 하는 일도 바쁠 텐데 벌써 그다음을 생각하고 있다니 크게 볼 줄 아는군.

- 좀 더 높은 수준을 요구하는 것을 보니 도전 의욕이 살아 있는 것 같아.

- 자네는 뭔가 계속 배워나가려고 하는 점이 정말 마음에 들어.

- 항상 하고 싶은 분야를 명확하게 얘기해주는 점이 좋아. 그 덕분에 OOO 씨가 무엇을

  원하는지 알게 되었어.

'미래의 거기'에서 '지금 여기'로 데려오기

정 팀장: 박 대리, 행사 때 지원 업무만 하는 게 불편한가?

박 대리: 불편하다기보다는… 회사에서 중요하게 생각하고 특별한 고객들이
오신다고 하니까 백업만 하고 있기가 좀… 아쉬워서요. 모니터링만
하면 지루하기도 하고요.

정 팀장: 나도 행사 PM은 5년차나 돼서 시작했는데….

어떤 리더들은 밀레니얼이 준비되지 않은 영역의 일을 요구하는 것은
비현실적이라고 잘라 말한다. 자신은 성과에 대한 책임도 져야 하고, 직원
들의 일을 공정하게 분배하는 역할도 해야 하기 때문이다. 그렇다면 위와
같은 상황에서는 어떻게 대응하는 것이 현명할까?

"저는 그럴 때 찬스가 왔다고 생각해요. 커리어 상담을 해줄 찬스요. 사

실 요즘 애들하고 진지하게 얘기해보면 본인이 무엇을 원하고, 뭐가 되고 싶은지에 대한 그림이 명확하지 않아요. 주변에서 퇴사가 유행하고, 스타트업 한다고 나가고, 마크 저커버그 같은 사람들이 젊을 때 성공한 걸 봐서 그런지 본인도 뭔가 지금 이루어야 한다는 생각만 앞서는 거죠. 지금 하는 일은 왠지 그 성공과 관련 없는 것처럼 말을 해요."

또한 밀레니얼이 자신의 커리어에 대해 고민을 털어놓는 것은 리더에 대한 신뢰를 바탕으로 부하가 아닌 인생의 후배로 조언을 진지하게 구한다는 것을 의미한다.

"하고 있는 일, 하고 싶은 일에 대해 얘기할 때 리더가 '꼭 이 회사 안에서만의 성장'을 강조할 필요는 없다고 봐요. 회사 내에서의 성장만 강조하는 것이 아니라 오히려 다양한 커리어 플랜이 가능하다고 이야기해주면, 진짜 자기 커리어를 같이 고민해준다고 생각하죠. 저는 미래에 대한 이야기는 진지하게 임해주고, 지금 당장 해야 할 업무와 역할에 대해서는 몰입을 요구하는 편이에요. '앞으로 활약이 기대되네. 그러기 위해서 지금은 무엇에 집중하는 게 좋을까?' 이런 식으로요."

현명한 리더는 밀레니얼이 보다 가치 있는 일을 요구할 때 리더로서 자신의 생각을 점검해본다. 자신의 입장이나 해당 직원에 대한 느낌, 예상 반응을 미리 정리해서 차분하게 대화를 이어나간다.

밀레니얼의 성장을 이끄는 질문
- 그는 자신의 업무와 역할에 대해 어떻게 인식하고 있는가?
- 그 직원이 새로운 일을 요구한 배경은 무엇인가?

- 그가 원하는 일의 속성과 범위는 무엇인가?

- 현재 업무는 그 욕구를 얼마나 충족시켜주고 있는가?

- 그가 가진 강점은 무엇인가?

- 그가 더 보완해야 할 것은 무엇인가?

- 그 직원이 원하는 일에서 요구되는 역량은 무엇인가?

- 더 높은 수준의 업무를 맡기기 어려운 이유가 있다면 무엇인가?

- 내가 가진 고정관념이 있다면 무엇인가?

- 중요한 일을 맡겼을 때 어떤 결과가 예상되는가?

그런 다음 밀레니얼의 입장을 자세히 들어본다. 현재 하는 일이 지루해서 성장에 도움이 되지 않는다고 생각할 수도 있고, 일을 추진해나가는 데 필요한 권한이나 지원이 없어 무기력감을 느끼고 있을 수도 있다. 이때 대화의 핵심은 밀레니얼이 해보지 않은 영역에 대한 기대(미래 거기)와 현재 갖고 있는 불만(지금 여기)의 차이를 줄여나가는 데 목표를 두는 것이다.

미래에서 현재로 데려오는 질문

- 현재 하고 있는 일에 대한 느낌은 어떠한가?

- 지금의 일은 어떤 의미가 있는가?

- 지금의 일이 우리 조직에 어떤 기여를 하고 있는가?

- 지금까지 일을 하면서 배운 것은 무엇이고, 더 배우고 싶은 것은 무엇인가?

- 어떤 업무를 했을 때 부정적인 느낌이 들었는가? 이유는 뭐라고 생각하는가?

- 1~2년 후에 되고 싶은 모습은 무엇인가?

- 원하는 모습이 되기 위해 필요한 것은 무엇인가?

- 현재 자신의 역량에 대해 어떻게 생각하는가?

- 동료나 상사는 어떻게 볼 거라고 생각하는가?

- 현재와 미래의 갭을 최소화하기 위해 지금 당장 무엇을 해야 하는가?

위의 질문들을 활용하여 대화를 진행하다 보면 자신의 경쟁력을 계속 업그레이드하려는 밀레니얼의 욕구와 목표를 확인할 수 있다. 밀레니얼은 그 자체로 동기부여가 되어 현재에 보다 충실할 수 있다.

지금 하는 일이 만족스럽지 않다고 말하는 밀레니얼에게 현실적 판단을 앞세워 상황 파악을 제대로 하라는 식의 잔소리를 늘어놓는 것은 좋지 않다. 리더는 밀레니얼이 자유롭게 자신의 일에 대한 생각이나 감정을 털어놓도록 하고, 미래의 되고 싶은 모습을 현실화하는 방향으로 이끌어주어야 한다.

정 팀장: 박 대리, 행사 때 지원 업무만 하는 게 불편해?

박 대리: 불편하다기보다는…, 회사에서 중요하게 생각하고 특별한 고객들이 오신다고 하니까 백업만 하고 있기가 좀… 아쉬워서요. 모니터링만 하면 지루하기도 하고요.

정 팀장: 그렇구나. 나는 든든하게만 생각했는데 박 대리는 아쉬웠구나. 그럼 무엇을 더하면 좋겠어?

박 대리: 저도 모니터링을 벗어나서 조금 더 중심적인 역할을 맡았으면 좋겠어요.

정 팀장: 그래? 중심적인 역할이라면 어떤 걸 말하는 거야?

박 대리: 음, 저도 구체적으로 생각해본 적은 없는데요. 고객들 앞에 나서거나 진행을 맡거나 하는 것들요. 아, 그런데 당장 하겠다는 건 아니고요.

정 팀장: 그래 좋아, 지금 하는 모니터링 업무가 지루하다고 느낀 이유는 뭐야?

박 대리: 모니터링이 현장 분위기를 파악하거나 팀장님과 사인을 주고받으면서 필요한 걸 지원하는 건데요. 별로 중요한 것 같지 않고…, 솔직히 무슨 의미가 있는지 모르겠어요.

정 팀장: 그래, 혼란스러웠겠네. 행사 지원할 때 팀이 박 대리에게 기대하는 역할이 뭐라고 생각해?

박 대리: 행사가 원활하게 돌아가도록 지원하는 것? 준비도 철저해야 하고, 고객들의 이야기나 반응을 살피고, 팀장님이나 임원분들께 상황을 공유해드리는 것 등등요.

정 팀장: 듣고 보니 아주 중요한 일들이네. 하나 더 얘기하면 행사에서는 항상 돌발 상황이 있기 마련이야. 그걸 예상하고 통제하는 것도 박 대리가 맡은 중요한 일이야. 항상 센스 있게 대처해주니까 얼마나 든든한지 몰라. 고객들로부터 우리 직원들이 프로페셔널하다는 말을 듣는 것도 박 대리가 행사 전반에 걸쳐 완벽하게 지원해준 덕분인 것 같은데?

박 대리: 그런가요? 돌발 상황이 많지 않아서 저는 잘 몰랐어요.

정 팀장: 그만큼 잘해주었다는 뜻이야. 고마워. 더 중요한 건 박 대리가 지금 하는 일들이 다소 사소해 보여도 나중에 PM을 맡았을 때 알아야 할 모든 것들을 경험하고 있다는 거야. 모니터링을 하면서 좀 더 전면에 나설 수 있는 방법을 나도 생각해볼게. 고객들을 응대하는 방식도 바꿔볼 필요가 있겠어. 박 대리도 아이디어 있으면 알려줘.

큰 그림에 비추어 대화하는 것이 바쁜 리더에게 부담으로 작용할 수도 있을 것이다. 그러나 이러한 대화일수록 우선적으로 시간을 갖고 진지하게 임한다면 밀레니얼도 더 이상의 의문이나 불만을 품지 않게 된다. 자신이 하는 일에 리더가 관심을 갖고 있다는 사실을 확인하여 믿음이 생겼고, 자신이 맡은 일들이 자신의 성장 경로와 회사의 가치에 어떻게 연결되는지 충분히 인식했기 때문이다.

Q 누군가 해야 할 일인데, 다들 싫다고 해요

"누군가는 해야 할 일인 건 알겠는데, 그걸 왜 제가 해야 하죠?"

"군말 없이 그냥 하면 다음에도, 그다음에도 당연히 제가 해야 하는 줄 알아요."

"수명업무가 너무 많아요. 수시로 내려오니 서로 눈치를 보고 불편하기만 해요."

밀레니얼이 수준 높은 일을 요구하는 것 외에 위에서 갑작스럽게 떨어지는 업무들을 기피하는 것 또한 리더를 골치 아프게 한다. 그때그때 고객이나 다른 부서에서 급하거나 무리하게 부탁하는 일들도 있다. 모두가 잡무로 취급하는 이러한 일들은 처리가 쉽지 않다. 업무의 경계에 모호한 회색지대가 있어 일을 주는 사람도 받는 사람도 불편하기만 하다.

밀레니얼이 수명업무를 기피하는 이유는 무엇일까?

● 현재 맡은 일이 많아 추가적인 업무는 워라밸에 방해가 된다.

- 성과에 반영되지 않는다.
- 나의 성장과 직접적 관련이 없다.
- 다들 피하고 리더도 눈치를 살펴 일을 주니 가치가 없다고 생각한다.

서로 일을 떠맡지 않으려고 하는 상황에서 리더들은 어떻게 해야 할까?

가장 좋은 방법은 공개적인 자리에서 합의 과정을 거치는 것이다.

"가장 안 좋은 방법은 조금 여유가 있어 보이는 친구한테 일을 맡기는 겁니다. 그 친구가 도저히 맡을 상황이 아니면 다른 친구에게 얘기하고, 이렇게 1:1로 은밀하게 접근하는 방법이에요. 이건 자기 직원들이 현재 어떤 일을 하고 있는지 모르고 있다는 반증이기도 하죠.

모두가 기피할 만한 업무일수록 팀원들 모두가 있는 자리에서 오픈하는 게 좋다고 생각해요. '긴급히 처리해야 할 업무가 있는데, 어떻게 하는 게 좋을까?' 하면서요. 보통 주간업무 보고할 때 자기가 맡은 일들을 브리핑하는데, 서로의 상황을 어느 정도 알게 되거든요. 그렇게 해서 누군가가 맡게 되면 다음에 유사한 일이 생겼을 때 제외해주기도 하고요. 이렇게 하면 수명업무도 자연스럽게 로테이션이 돼요. 다 같이 있는 자리에서 합의 과정을 거치는 게 중요해요."

성과 목표를
수립할 때
수명업무의 비중을
미리 정해놓는 것도
방법이다.

"조직에서는 늘 긴급한 일들이 생기기 마련이
에요. 저는 연초에 팀원들과 성과 목표를 잡
을 때부터 그 부분을 미리 공유해요. 지금 우
리가 정한 업무 계획은 100 가운데 80을 얘기
한 것이고, 나머지 20은 상황에 따라 달라질
수 있다고요. 그 20을 성과지표로 인정하면
팀원들은 자연스럽게 수용해요."

일을 맡은
직원에게는 인정과
감사의 표시를
충분히 한다.

"다 하기 싫어하는데 결국 누군가 하게 되었
을 때 그 친구를 많이 인정해주는 편이에요.
얼마나 감사한 일인가요. 좀 오버해서 고맙다
고 말하고, 그 친구가 하는 일을 더 신경 써서
봐주려고 노력하죠. 매번 희생양이 되지 않도
록 기록도 꼼꼼하게 해놓는 편이에요. 그리고
가만히 보면 상시적으로 떨어지는 일들을 기꺼이 해내는 친구들이 시간이
지나면 능력이 확 올라가요. 회사일의 연결고리를 알게 되거든요."

중복되는 일들은
리더가 나서서
과감히 제거해주는
것이 좋다.

"모두가 하기 싫어하는 일을 흔히 '폭탄 돌리
기'라고 하는데요, 솔직히 가치가 있다고 말하
기 어려운 경우도 많아요. 관행에 따라 하거
나 중복되는 일도 분명 있어요. 팀원들이 계
속해서 불만을 제기하면 과감하게 제거해줄

필요도 있어요. 옥상옥(屋上屋. 지붕 위의 지붕)이 되지 않도록 말이죠. 그 과정은 다른 의미도 있어요. '우리는 늘 효율적으로 일한다'는 무언의 가치가 새겨지죠."

밀레니얼이 수명업무를 피하는 이유는 가치가 없거나 성장에 도움이 되지 않는다고 생각하기 때문이다. 그런데 그들이 그렇게 생각하는 이유는 무엇일까? 직장생활에서 정말 중요하지 않은 일이라는 게 있을까? 오히려 그런 인식이 조직의 분위기나 기성세대가 만들어낸 편견은 아닐까?

누가 무슨 일을 수행하든 리더가 그 일에 가치를 부여해주고 공로를 인정해주는 진정성을 보여주는 것이 중요하다. 구성원들이 기존에 인식하지 못한 새로운 가치를 찾아 자발적으로 나서게 될 것이다.

03

신나게 일하면 안 되나요?

팀장: 이번 분기의 영업 실적이 저조하다고 위에서 난리야. 잠재고객 리스트 있지? 상무님이 고객들한테 전화를 돌리자고 하는데 어때?

팀원들: 네? 그 많은 고객들에게 일일이 전화를 하라고요?

팀장: 그래야지. 김 과장이 리스트 갖고 있지? 팀원들한테 할당해주고 각자 전화를 거는 거야. 매일 퇴근하기 30분 전에 나한테 얼마나 통화했는지, 특이한 반응이 있었는지 정리해서 보고해줘. 아! 그리고 저번처럼 이메일로 요약해서 보고하지 말고, 엑셀에 고객별 반응을 하나하나 확인해서 기록하고, 특이 사항은 붉은색으로 표시해줘. 요약은 구두로 해주고. 고객사 누구랑 통화했다, 어떤 반응이 있었다, 이런 식으로. 아, 그리고 파일명 좀 통일시켜. 날짜랑 본인 이름 넣는 건 기본 아니니? 김 과장, 찾았어? 빨리 나눠줘. 곧 점심시간이잖아. 오늘도 뭔가 성과를 내야 하니까.

밀레니얼은 이 같은 상황을 어떻게 받아들일까? 전과 다름없는 반복적이고 비생산적인 방식의 업무 지시에 염증을 느끼지 않을까? 일에서 재미를 추구하는 밀레니얼은 새롭지도 않고 중요해 보이지도 않는 일에 대해 필요 이상의 시간과 에너지를 쓰게 만드는 리더에게 절망과 회의를 느낀다. 그들의 말이다.

"아, 숨 막혀."

"일일이 전화하는 건 시간 낭비 아냐? 여러 번 해봤지만 효과도 없었는데…."

"팀장님은 실적을 올리는 게 중요한 거야, 콜 수 채워서 상무님께 보고하는 게 중요한 거야?"

아무리 긴급한 상황이라도 의욕을 꺾게 만들어서는 안 된다. 어떻게 하면 좋을까?

먼저 질문하는 것을 잊지 말아야 한다.

"이번 분기의 영업 실적이 저조하다고 위에서 걱정이 많은데, 좋은 방법이 있을까?"

질문은 생각을 부르고, 생각은 자율성을 이끈다. 설사 리더가 답을 갖고 있더라도 일방적으로 지시하지 말고 질문하는 것이 효과적이다. 똑같은 일을 하더라도 질문을 통하면 밀레니얼의 의욕과 창의성을 긍정적으로 자극할 수 있다.

그들은 '신선한 먹잇감'을 기다린다

"저희 상무님 같은 분과 일하는 건 행운이에요. 타부서 친구들이 엄청 부러워해요. 왜냐면 상무님은 정말 천재거든요. 모든 답을 알고 있어요. 하나하나 세세하게 지시를 해주시니까 그냥 그대로 일을 처리하면 일도 빨리 끝나고 효율적이에요.

그런데 한 가지 걱정되는 게 있어요. 다들 그렇게 일하는 데 익숙해져서 새로운 방법을 시도하는 사람이 없어요. 상무님의 틀 안에서만 움직이죠. 일하기는 편하지만 발전하는 느낌이 없어요. 그러다 보니 젊고 똑똑한 친구들은 나가버리고 수동적인 친구들만 남게 돼요. 이러다가 상무님이 다른 데로 가시면 어떻게 하나 걱정도 되고요."

모든 일을 일일이 관리하는 마이크로매니징(micromanaging)은 직원들의 성장을 방해한다. 생각하지 않고 지시하는 대로만 따르기 때문이다. 책임감도 떨어뜨린다. 결과가 좋을 때는 아무도 문제를 제기하지 않지만, 결과가 좋지 않으면 "난 시키는 대로 했을 뿐인데?"라며 발을 뺀다. 결국 마이크로매니징의 가장 큰 피해자는 리더 자신이다.

밀레니얼이 자신의 능력을 한껏 발휘하게 만들고 싶다면 흥미를 유발할 수 있는 도전적인 과제를 부여하여 스스로 해결하게 하는 것이 좋다. 그들은 의미가 분명한 일이면 나름의 방식대로 일을 수행해낼 능력이 있다고 믿고 의욕적으로 과제를 해결하려 한다. 그리고 가능하면 최대한 신선한 과제를 원한다.[34]

리더는 단순히 업무를 관리하는 사람이 아니다. 직원들의 성장에 초점을 맞추고 도전적인 과제를 부여하는 동시에 주도적으로 해나갈 수 있도록 돕는 임파워먼트(empowerment), 즉 권한 부여에 적극적이어야 한다. 그런데 많은 리더들이 임파워먼트에 어려움을 겪는다. 가장 큰 이유는 직원들의 역량이 객관적으로 부족하다는 판단 때문이다.

"이 일은 내가 할 수밖에 없어. 내가 전문가라서 잘 알아."

또 다른 이유는 일을 맡기는 것이 불안하기 때문이다.

"일을 맡겼다가 잘못되면? 내 책임이잖아? 차라리 내가 하고 말지."

임파워먼트에 대한 오해도 임파워먼트를 어렵게 한다.[35]

"믿고 맡기는 건 리더의 방임이 아닌가?"

반면에 임파워먼트의 중요성을 알고 과감하게 믿고 맡기는 리더들이 있다. 그들은 그 효과를 경험한 이들이다.

"팀장들이 일하는 방식까지 미주알고주알 알려주는 것은 요즘 친구들에게 전혀 도움이 되지 않아요. 그들은 가장 효율적으로 처리할 수 있는 방법을 찾아내는 애들이거든요. 일이 많아서 헉헉대는 관리자들은 모든 업무를 혼자 쥐고 있어서 그래요. 한번 해보라고 맡겨보세요. 얼마나 창의적으로 잘해오는데요."

또한 그들은 임파워먼트 자체로 동기부여가 된다고 믿는다.

"요즘 애들은 일이 도전적이냐, 재미있느냐, 가치 있느냐를 보고 그 안에서 동기를 얻어요. 그 점을 잘 활용하면 리더도 편하고 직원들도 속이 후련할 거예요. 본인이 생각한 대로 일이 진행되는 과정을 직접 경험하면 자신감도 생기고 일하는 자세가 정말 달라져요. 물론 그들의 방식이 잘못된 것일 수도 있어요. 그래서 왜 그렇게 생각하는지, 기준이 무엇인지를 확인하는 과정이 필요해요."

도전적인 과제의 가치도 임파워먼트를 실천하는 리더들이 중시하는 요소다.

"지금의 리더들이 일을 가장 많이 배웠을 때가 언제일까요? 상사가 도전적인 업무를 주었을 때 아닌가요? 그때 이런저런 시행착오를 겪으면서 지금의 자리에 오게 된 거죠. 요즘 애들은 하나에 꽂히면 미친 듯이 몰입하는 특성이 있어요. 그 강점을 마음껏 발휘할 수 있는 여건을 마련해주는 게 중요해요."

임파워먼트는 리더와 밀레니얼 모두에게 이로운 일이다. 간혹 임파워먼트로 자신의 입지가 줄어들지 않을까 걱정하는 리더들이 있는데 오해다. 이와 같은 오해와 불안감을 걷어내고 도전적인 과제와 권한을 부여해보면 그것이 단순한 업무 위임(delegation)이 아닌, 높은 차원의 리더십 스킬을 발휘하는 것임을 깨닫게 된다. 리더는 더 중요한 일에 집중할 수 있고, 밀레니얼은 새로운 과제를 통해 주어진 일만 하던 수동적인 자세에서 능동적인 태도로 책임감을 갖고 일을 배워나갈 수 있다. 그렇게 함으로써 함께 성장하는 것이다.

도전적 업무를 주기 전에 점검할 사항

● 업무 리스트 작성해보기

　–오직 나만 할 수 있는 업무는 무엇인가?

　–지금 당장 다른 직원에게 넘길 수 있는 업무는 무엇인가?

　–내가 도움을 주어 다른 직원이 할 수 있는 업무는 무엇인가?

● 임파워먼트 계획하기

　–해당 업무를 누구에게, 언제 넘길 것인가?

　–임파워먼트를 통해 기대하는 효과는 무엇인가?

　　나의 이익:

　　구성원의 이익:

　–해당 업무의 진척 사항을 어떻게 관리할 것인가?

"초코파이보다 자유시간이 더 좋아요"

> 강 팀장: 김 과장, 미팅 준비 끝났어? 김 과장이 작성한 실적 개선안을 보니
> 까 아이디어가 아주 좋네. 팀원들하고 같이 얘기해보자고. 어, 근데
> 미팅 들어가는데 노트가 없네?
>
> 김 과장: 네? 아, 저는 스마트폰으로 메모하면 돼요. 제가 쓰는 앱이 PC랑
> 연동돼서 편해요.
>
> 강 팀장: 아니, 잠깐만. 자네가 미팅 때 스마트폰으로 메모하는지, 인터넷을
> 하는지 어떻게 알아? 이건 태도의 문제야. 노트랑 펜은 기본 아냐?
> 다른 사람들이 어떻게 보겠어?

　리더는 직원들이 일하는 모습을 점검하고, 질문하고, 의견을 주는 등 지속적인 관심을 보여야 한다. 그러나 그것이 지나치면 반감을 살 수 있다.

　"일할 때 제일 싫은 건 제가 문서 작성할 때 팀장님이 뒤에서 빤히 쳐다

보는 거예요. 도형 하나 선 하나 그리는 거 보시면서 일을 빨리 끝내자며 이런저런 피드백을 주시는데, 그렇게 하는 게 좋다고 생각하시겠지만 저는 진짜 숨 막혀요."

전후 사정을 고려하지 않은 섣부른 지적이나 지시도 그들의 마음을 상하게 한다.

"집중이 필요한 일이라 혼자 회의실에서 작업을 하고 있는데 나와서 하라고 하시더군요. 다들 자기 자리에서 일하는데 왜 들어가 있느냐고. 먼저 동료들한테 양해를 구한 건데…."

"퇴근하면 바로 아이를 데리러 가야 해서 가급적이면 업무 마감에 대한 이야기는 근무시간에 끝내고 싶어요. 몇 번 말씀드렸는데도 팀장님은 제 사정을 고려해주지 않아요. 퇴근시간 임박해서 이것저것 확인하시고 뭘 보내라, 설명해라 하시니 그 시간만 되면 가슴이 울렁거린다니까요."

밀레니얼은 자율성과 유연성을 중요하게 생각한다. 인터넷이나 모바일로 연결되어 있는 근무환경 속에서 업무시간이나 장소를 주도적으로 활용하고 싶은 것이다. 이러한 직원들의 요구에 맞추어 유연근무제를 실시하는 회사도 있지만 리더들의 스타일에 따라 제대로 운영하기 어려운 부분이 있다. 리더들은 혼란스럽다. 오랜 기간을 짜여진 틀과 정해진 시간에 맞추어 일해온 그들이다. 그런데 밀레니얼은 초코파이보다 자유시간을 더 원한다. 좋은 방법이 뭘까?

먼저 리더가 자신의 업무 스타일을 강요하지 않는 것이다.

"상사들이 특정 업무 방식을 강요하는 것은 자신이 일을 배울 때의 경험이 본인의 스타일로 고정된 경우예요. 그 외의 방법으로 해본 적이 없으니 자신이 아는 방식만이 최선이라고 믿는 거죠. 가령 어떤 리더는 일하기 전에 꼭 순서도를 그리라고 해요. 본인이 그렇게 하는 건 상관없는데, 직원들한테도 강요하는 건 문제라고 봐요. 또 어떤 사람들은 업무 보고는 무조건 기승전결로 요약, 출력해서 가져오라고 해요. 로데이터(raw data, 원시자료)로도 충분히 토의가 가능한데, 그걸 만드느라 하루를 다 보낸다면 그만큼 비효율적인 일이 어디 있겠어요?"

시시콜콜 간섭하지 않는 것도 중요하다.

"밀레니얼 하면 창의성이잖아요. 회사는 군대가 아니에요. 방향 설정이나 결과물에 대한 점검은 리더가 봐주어야 하지만, 그 외의 일은 그냥 내버려두는 게 좋다고 봐요. 알지만 모르는 척하는 것도 필요해요."

직원들끼리 서로의 업무 노하우를 공유하는 자리를 갖는 것도 좋은 방법이다.

"저희는 영업이라 똑같은 업무를 여러 명이 나눠서 하는 편인데, 과정이 공유되지 않으면 각자의 방식대로 흘러가게 돼요. 그래서 다 같이 모인 자리에서 '자기만의 업무 스타일'을 공유하는 시간을 가져요. 일종의 '창의성 경진대회'인 셈이죠. 예를 들어 고객 리스트를 어떻게 관리하는 것이 효율적인지, 신규 서비스를 설명할 때 어떤 식의 멘트가 효과적인지 등 자기만의 노하우를 서로 공유해요. 팀원들은 매달 이 시간만 기다려요."

밀레니얼이 좋아하는 근무환경

- 유연근무제로 일하기(재택근무 등)
- 편한 복장으로 일하기

- 개인이 선호하는 브랜드의 PC나 모바일 기기로 일하기

- 이어폰 꽂고 음악 들으면서 일하기

- 카페에서 회의하기

- 산책하면서 아이디어 토의하기

- 혼자만의 시간 갖기

- 공유시스템으로 보고하기

- 채팅으로 회의하기

-

-

리더가 던져야 할 질문

- 위와 같은 환경과 관련한 회사의 규정이나 지침이 있는가?

- 밀레니얼이 요구하는 특별하고 유연한 환경이 있다면 무엇인가?

- 왜 그것을 요구하는가?

- 허용해줄 수 있는 것은 무엇이고 안 되는 것은 무엇인가?

- 안 되는 이유는 무엇인가?

- 그 이유를 어떻게 설명해줄 것인가?

회사마다 가지고 있는 특유의 문화와 분위기는 밀레니얼의 동기부여와 성과에 직접적 영향을 미친다. 바깥세상은 점점 유연해지고 경계가 없어지는데 우리 회사와 리더만 예전의 방식을 고수하고 있는 건 아닌지 돌아볼 필요가 있다. 밀레니얼에게 창의적 성과를 기대한다면 그들의 놀이감

각을 일터로 가져오도록 만들어야 한다. 환경과 업무에서 흥미를 유발할 수 있게 해주어야 한다. 최고의 성과는 진지함과 재미 사이의 균형을 유지할 때 발현되기 때문이다.[36]

Q 업무시간에 개인행동을 자주 해요

"고객사와의 통화를 유독 힘들어하는 친구가 있어요. 한번은 기분이 안 좋아 보여서 잠깐 바람을 쐬고 오라고 한 적이 있는데, 언젠가부터 그걸 당연하게 생각하더라고요. 요즘에는 하루에도 몇 번씩 그래요. 통화 후 나가서 30분이 넘도록 안 들어오는데, 손에는 늘 커피가 들려 있어요."

"자율출근제를 환영하는 입장이에요. 그런데 회사 규정에 몇 시부터 출근할 수 있는지 나와 있지 않고 단지 8시간 근무로만 되어 있다 보니 어떤 친구들은 새벽 5시부터 오후 2시까지만 일하겠다고 해요. 저희 업무는 다른 부서와 소통을 자주 해야 하는데 이럴 땐 아주 난감해요."

밀레니얼의 돌발적인 행동이나 규정에 대한 자율적 해석이 리더들을 난처하게 만드는 경우를 종종 보게 된다. 함께 일하는 사람들의 스타일에 어느 정도 보조를 맞추어주기를 바라는 리더들의 마음이 어떨지 충분히 짐작할 수 있다. 그러나 밀레니얼의 생각은 다르다. 그들은 회사가 정해준

규율이나 범위를 넘어서지 않는 한 스스로 알아서 하는 건 별 문제가 되지 않는다고 생각한다. 굳이 같이 있지 않아도 얼마든지 일할 수 있고 결과로 보여주면 되지 않느냐고 반문한다. 또 그들은 선배들도 그러면서 자신들에게만 엄격한 잣대를 들이대는 것은 부당하다고 느낀다. 업무시간에 온전히 몰입해서 일하는 건 아니지 않느냐는 것이다. 그들의 말이다.

"외근 갔다가 시간이 조금 남아서 다른 볼일을 보고 들어왔는데 부장님이 어떻게 아셨는지 크게 혼난 적이 있어요. 제가 중간에 연락하지 않은 건 인정해요. 그런데 솔직히 상사들도 그럴 때 많잖아요. 저희에게만 근무시간 준수를 요구하는 건 부당하다고 생각해요."

"출근이 9시인데 9시에 딱 맞춰 들어오면 못마땅하게 여기시더라고요. 아침부터 기분이 상하죠. 9시 출근은 업무 준비를 마치고 시작하라는 의미라고 강조하시는데, 일찍 도착한 만큼 퇴근시켜줄 것도 아니면서 말이에요…."

"일할 때 저희끼리 채팅을 자주 하는 편인데, 팀장님은 싫어해요. 사실 채팅방에서 개인적인 수다도 떨지만 업무와 관련한 피드백들도 주고받거든요. 그런 것까지 눈치를 보는 게 불편해요."

이에 대해 리더들은 어떻게 대응하면 좋을까?

팀원들과 함께 '그라운드 룰'을 만드는 것이 좋다

"누가 봐도 튀는 행동을 하는 친구에게는 피드백을 주고 자제시키려고 노력해요. 그런데 문제는 다수가 각자의 개인적 입장을 이야기하며 이렇다 저렇다 하는데, 사실 좀 피곤하죠. 그래서 저는 팀원들과 같이, 사전에 허용되는 행동과 아닌 행동을 합의하는 편이에요. 우리 팀만의 '그라운드 룰(ground rule)'을 만드는 거죠. 장기휴가는 3개월 전에 낸다, 외근이나 미팅 일정은 시간과 장소를 게시판에 써놓는다, 퇴근 후에 생기는 긴급 사항은 단톡방보다 개인적으로 연락한다 등등. 팀원들의 의견대로 만든 합의이다 보니 대체로 지키려고 노력해요."

팀 분위기를 해치는 개인행동은 단호하게 피드백한다

"요구하는 걸 들어주다 보면 한이 없어요. 저는 웬만하면 허용해주려고 하지만, 팀 분위기를 해칠 정도의 개인행동을 보이는 친구에게는 단호하게 얘기합니다. '당신이 말도 없이 자리를 비워서 우리 팀에 안 좋은 영향을 주고 있다. 부재중일 때 전화가 오거나 다른 사람이 찾으면 어떻게 대응하란 말인가?' 이렇게 얘기하죠. 리더가 때로는 강하게 얘기할 필요도 있어요."

갑작스러운 개인행동에 어떤 이유가 있는지 살핀다

"안 그러던 친구가 자꾸 규율을 어기면 깊이 들여다봐야 합니다. 번아웃되었거나 개인적인 문제가 있을 가능성이 높아요. 불러서 질책하기 전에 먼저 물어봐요. '무슨 문제가 있느냐? 전에 없는 행동을 보여서 걱정된다'라고요. 이렇게 얘기하면 개인적인 어려움을 털어놓는 경우가 많아요."

개인행동이 잦은 직원에게 던지는 질문

- (예시를 들며) 그렇게 행동하는 이유가 있는가?
- 그것이 어떤 영향을 낳는지 아는가?(팀 분위기, 마감 관리 등에)
- 어떻게 하면 좋겠는가?
- 리더인 내가 이해해줬으면 하는 것은 무엇인가?
- 대화를 해보니 어떤 느낌인가?

밀레니얼의 개인행동을 무조건 잘못되었다고 단정하여 꾸짖지 말고 상대방 중심의 대화를 진행해야 한다. 그렇게 행동하게 된 '그럴 만한 이유가 있을 것'이라고 인정하고 들어가야 마음을 열고 대화할 수 있다. 다른 사람에게 피해를 주거나 부정적인 영향을 미치는 존재로 낙인찍히는 것을 두려워하는 밀레니얼은 개선이 필요한 사항을 명확히 이야기해주면 충분히 수용하여 개선할 수 있다.

업무와 행동 하나하나에 대한 매뉴얼이 세밀하게 정리되어 있다면 리더들도 편할지 모른다. 모두가 그에 따라 움직이면 될 테니 말이다. 그러나 사람들이 모여서 일하는 현장은 규정으로 접근하기 어려운 상황이 꽤 많이 벌어진다. 그럴 때는 리더가 주도권을 갖고 유연한 업무환경을 위한 그라운드 룰을 만드는 것이 좋다.

그라운드 룰을 만들 때 가장 중요한 점은 밀레니얼과 합의하는 것이다. 생각의 기준이나 취향이 달라 생기는 특정 행동에 대한 반감도 모두의 동의하에 지켜야 하는 약속을 만들어놓으면 책임감을 가지고 따르게 된다. 또한 그라운드 룰은 시행하면서 필요에 따라 수정, 발전시켜나가는 것이 필요하다. 도움이 되는 부분과 그렇지 않은 부분을 확인하고 공유하여 바꾸는 과정을 통해 조직의 소통과 시너지 효과를 강화할 수 있다.

04

스피드의 해법

요청은 신중하게, 검토는 빠르게

김 선임: 수석님, 아까 말씀드린 일정 좀 체크해주세요.

이 수석: 잠깐만, 조금 있다 알려줄게.

김 선임: 저희도 일정 공유 시스템을 바꾸면 안 될까요? 개인적 일정이 반영되지 않으니 시스템에도 올리고 구두로도 확인해야 해서 너무 비효율적이에요.

이 수석: 그러게. 자네가 추진해봐.

김 선임: 음, 당장 중요한 거 같진 않고요…. 수석님, OO프로젝트에 대해 알려준다고 하시지 않았어요? 언제 얘기해요?

이 수석: 그 얘기도 해야 하는데…, 일단 김 선임이 알아서 해봐. 나중에 얘기하자.

밀레니얼은 신속한 피드백과 빠른 의사결정이 좋은 리더의 제1 조건이라고 생각한다. 그러나 현실은 거리가 멀다. 업무 하나에도 다수의 이해관계가 얽혀 있어 의사결정이 금방 이루어지기 어려울 때가 많다. 조직의 규모가 클수록 그 속도는 더 느려진다. OK 사인을 받으려면 층층시하의 절차와 방식을 따라야 하기 때문이다. 꼭대기로 올라갈수록 긴장감이 고조되는 롤러코스터를 타는 것과 같다.

신속한 결재를 바라는 밀레니얼과 하나하나 꼼꼼하게 따져봐야 직성이 풀리는 리더 사이에서 적절한 속도는 어느 정도일까? 서로가 만족할 만한 결과물을 얻으려면 어떻게 속도를 맞춰야 할까?

피드백은 자주, 구체적으로!

피드백은 크게 공식적 피드백과 비공식적 피드백으로 나눌 수 있다. 성과 점검과 더불어 잘한 점이나 보완점을 종합적으로 살펴보는 공식적 피드백은 회사마다 그 주기나 시간이 다르고, 일상에서 수시로 일어나는 비공식적 피드백은 리더의 스타일에 의존하게 된다. 그런데 밀레니얼은 공식적이든 비공식적이든 피드백에 대한 불만이 많다. 속도도 느리고 간격도 너무 길다고 하소연한다. 리더가 그때그때 줄 수 있는 일상적인 피드백도 뒤로 밀리는 경우가 많다며 답답해한다.

리더들의 말은 다르다. 그들의 요구와 행동이 너무 빈번하고 빠르다며 혀를 내두른다.

"정말 숨도 안 쉬고 일하는 느낌이에요. 제 일을 하면서 동시에 팀원들 일도 봐줘야 하니. 게다가 요즘 친구들은 먹이를 기다리는 아기 새들처럼 그 자리에서 그냥 입만 벌리고 있는 것 같아요. 저만 말똥말똥 바라보며 '빨리 해주세요, 빨리 해주세요' 하거든요. 저도 살펴볼 시간이 필요한데 말이죠."

"빨라도 너무 빨라요. 어떤 친구가 일하다가 막혔는지 저를 찾아와서는 한 1분 얘기했을까요? 그러더니 갑자기 '아! 뭔지 알겠어요' 하고 일어나더라고요. 그렇게 막히던 부분만 뚫리면 다른 이야기는 필요 없어지더군요."

밀레니얼과 일할 때는 피드백을 자주, 구체적으로 해주는 것이 좋다. 그런데 기성세대의 리더들은 이를 부담스러워한다. 바쁜 탓도 있지만, 밀레니얼과 달리 피드백에 대한 다른 인식도 한몫한다. 그들은 피드백을 '평가'로 인식하는 경향이 있다. 등에 식은땀이 날 정도의 긴장된 이야기로 인식하기 때문에 피드백을 줄 때도 받을 때도 매우 신중해지는 경향이 있다. 반면에 밀레니얼에게 피드백은 일종의 힌트이자 조언이다.[37] 언제 어디서나 즉각적인 반응에 익숙한 그들은 피드백 역시 다음 업무로 넘어가기 전에 더 빨리, 더 많이 주어지기를 기대한다.

또한 밀레니얼은 '문제를 빨리 푸는 상황'에 길들여져 있다. 그들은 해결해야 할 것들을 쌓아놓지 않는다. 워라밸을 실현하기 위한 전략일 수도 있으나, 그들이 자라온 환경의 영향일 수 있다. 태생적으로 주의가 산만한 시대에 살아온 그들은 '빨리, 효율적으로, 단순하게' 일을 처리하는 것을 중요하게 생각하게 되었다. 하루 24시간을 카카오톡 등의 SNS와 뉴스, 문자, 이메일 등에 노출되어 있다 보니 순간순간 처리하지 않으면 실시간 소통에 뒤처질 우려가 있고, 쌓이는 일들로 스트레스를 받을 수 있다. 회사에서도 업무적 부담과 긴장을 재빨리 해소하고 또 다른 삶에 접속하기 위해서는 리더에게 방향과 해결책 등을 신속하게 제시해줄 것을 요구할 수밖에 없다.

오랜 시간 일을 붙잡고 있는 것은 그들에게 힘든 일이다. 더 효율적인 방식을 찾아 과정을 간소화하는 것이 일을 잘하는 것이라고 생각하며, 그렇지 않으면 스스로를 무능하다고 간주한다.

밀레니얼에게 효과적인 피드백 전략의 핵심은 바로바로 해결해주는 것이다.

"저는 그들이 요구하는 피드백을 구분해봤어요. 그 자리에서 바로 확인해줄 수 있는 것들이 있어요. 예를 들면 일정 체크나 추가 자료 제공, 다른 팀에 협조 요청 같은 것들인데, 즉시 해결해주려고 해요. 같이 찾아보거나 바로 연락해서 답을 주려고 노력해요."

만일 즉각적 해결이 쉽지 않다면 빠른 피드백을 요구하는 표식을 달도록 요청하는 것도 방법이다.

"가급적 기민하게 반응하려고 해요. 문자나 이메일을 자주 확인하면서 즉각 답을 주지요. 다만 저도 시간이 필요할 때가 있어요. 그럴 때는 팀원들한테 양해를 구해요. 확인이 시급한 사항은 이메일 제목이나 채팅창에 'SOS'라는 말머리를 쓰라고 했죠."

구체적인 답을 주기보다 점검 차원의 메시지를 활용하는 방법도 있다.

"업무 단계를 10으로 나누었을 때 그들은 10까지 한꺼번에 요구하는 게 아니라 1 다음은 어떤지, 2 다음은 어떤지 하는 식으로 묻는 경우가 많아요. 피곤하지요. 그 자리에서 뭐라고 딱히 말하기 힘든 경우에는 이렇게 말해요. '지금은 딱히 뭐가 좋겠다는 판단이 안 서는데 방향은 맞는 것 같다. 계속 진행해'라거나 '지금보다 조금 더 구체적으로 나와야 얘기해줄 수 있겠는걸'라는 식으로요."

수시로 개별 면담시간을 가지면 더 효율적으로 관리할 수 있다.

"업무상 피드백은 그때그때 해결해주는 것이 맞지요. 저는 개인별 성과 점검을 위한 면담도 자주 가지려고 노력해요. 회사의 기준은 분기별 1회이지만, 사실 연초에 잡은 목표들도 몇 달 지나면 뒤죽박죽되거든요. 1분기에서 했던 이야기가 2분기로 이어지지 않아요. 그러다 연말에 고과를 하게 되면 어떻게 해야 할지 난감할 때가 많아요. 가급적 월 1회는 개별 면담시간을 가지려고 합니다."

밀레니얼과는 가능하면 그 즉시, 자주 피드백을 주는 것이 좋다. 그들은 피드백의 질보다 속도에 더 민감하게 반응한다. 하지만 너무 잦은 피드백은 리더의 에너지를 떨어뜨릴 수 있으므로 서로에게 적합한 피드백의 룰을 만드는 것이 좋다.

리더와 밀레니얼의 피드백 룰 만들기
● 피드백의 주기와 횟수 합의
  −주 1회 개별 면담을 통해 업무 과정 파악하기
  −피드백 시간은 30분을 넘기지 않기
  −긴급 미팅이 필요할 경우 SOS 메시지 보내기

- 빠른 답변을 요구하는 것과 아닌 것 구분

  −빠른 답변을 요구하는 것은 무엇인가?

    예) 고객의 컴플레인 대응, 타부서와의 업무 협의, 마감이 임박한 업무 점검, 핵심 이
  해관계자의 긴급 요청 등

  ⋯⋯⋯⋯⋯⋯⋯⋯⋯⋯⋯⋯⋯⋯⋯⋯⋯⋯⋯⋯⋯⋯⋯⋯⋯

  ⋯⋯⋯⋯⋯⋯⋯⋯⋯⋯⋯⋯⋯⋯⋯⋯⋯⋯⋯⋯⋯⋯⋯⋯⋯

  −충분한 시간을 가져야 할 것은 무엇인가?

    예) 새로운 업무 착수, 회사의 미래가 걸린 중요 보고나 의사결정, 면밀한 분석이 요
  구되는 사항 등

  ⋯⋯⋯⋯⋯⋯⋯⋯⋯⋯⋯⋯⋯⋯⋯⋯⋯⋯⋯⋯⋯⋯⋯⋯⋯

  ⋯⋯⋯⋯⋯⋯⋯⋯⋯⋯⋯⋯⋯⋯⋯⋯⋯⋯⋯⋯⋯⋯⋯⋯⋯

- 피드백의 장소와 방식

  비공식적인 피드백은 상시적으로 일어난다. 조언이나 힌트를 주기 위한 것이라면 시
  간이나 장소, 방식에 구애받지 않고 언제든 제공할 수 있다.

  −1분 피드백: 회의가 끝나거나 발표를 들은 직후에 1분 정도 리더가 느낀 점이나 생각
  을 전달한다. 바로 하는 피드백은 의견의 생생함이 느껴져 수용 가능성이 높다.

  −채팅 피드백: 확인 사항 등 간단한 내용은 굳이 대면하지 말고 채팅을 통하는 것이
  낫다.

  −포스트잇 피드백: 너무 바빠서 여유가 없다면 해당 사안에 대한 중요 포인트나 챙겨
  야 할 것들을 간단한 메모 형식으로 전달한다.

'일단 알아서 잘해봐'의 저주

이 선임: 아까 말씀하신 A프로젝트요. 어떻게 시작하면 좋을까요?

김 수석: 어, 그것도 중요한데….

이 선임: Z사의 것을 참고하면 된다고 하셨는데, 어느 부분을 중점적으로 볼까요?

김 수석: 자료를 참고하고 알아서 잘해봐. 필요하면 박 책임한테 물어보고.

'알아서 잘해봐'는 리더들이 자주 쓰는 표현이다. 믿고 맡긴다는 뜻이라고 말하는 리더도 있지만, 이 말을 들은 밀레니얼은 리더가 무책임하다고 느낀다. '알아서' 하기도 어렵지만 '잘하는' 것의 기준도 알 수 없기 때문이다.

알아서 하라고? 어떻게?

이거 괜히 삽질하는 거 아냐? 잘못하면 또 원점인데….

본인도 잘 모르는 일을 왜 나한테 시키는 거야?

일에 대한 구체적인 가이드가 있어야 한다. 이것이 없으면 밀레니얼은 혼란스럽고 리더는 리더대로 피드백의 늪에 빠질 수 있다. 끝없이 확인하고 또 확인해야 하기 때문이다. 이렇듯 '알아서 잘해봐'는 서로를 미궁으로 빠뜨린다.

어떤 일을 줄 때는 기대하는 결과물에 대한 끝그림(end image)도 함께 제시해주어야 한다. 아무것도 없는 백지 한 장만 달랑 주면서 알아서 그려보라고 한다면 밀레니얼은 당황스러울 수밖에 없다. 다른 리더들은 어떻게 하고 있을까?

가장 바람직한 경우로, 구체적인 가이드를 주는 리더가 있다.

"저는 틀에 맞추어서 할 것과 안 할 것을 구분해서 알려주는 편이에요. 틀에 맞추어 할 것들은 매우 구체적으로 가이드해주죠. 제가 고객에게 보낸 이메일, 문자까지 모두 공유해서 따라 하게끔 해요. 맡은 업무가 처음이라면 아기한테 걸음마를 가르치듯 알려주어야 해요. 고객 이메일은 어떤 어조로 써야 하는지, 업무로 연결되는 타부서 사람들의 성향은 어떠한지, 임원에게 보고할 때는 어떤 점에 초점을 맞춰야 하는지에 대해서요. 모르는 것투성이어서 가뜩이나 불안한 사람들에게 배움의 기회 운운하며 그냥 맡기는 것은 옳지 않아요. 그런 과정을 거쳐 어느 정도 일이 익숙해지면 필요한 부분만 확인하고 맡기는 편이에요."

어느 리더는 완성된 업무의 끝그림에 대해 충분히 소통한다.

"피드백의 노예가 되지 않으려면 일을 주기 전에 끝그림을 공유해야 해요. 절대 알아서 하라고 하면 안 돼요. 저는 제가 기대하는 것, 그 친구가 할 수 있는 것, 내가 도와주어야 할 것 등에 대해 오래 이야기하는 편이에요. 과거에 같은 일을 하면서 겪었던 고충이나 해결 방법에 대한 이야기까지 해주면 일을 받는 친구의 두려움이 걷혀요. 그것만으로 충분해요."

기대 수준을 확실히 하는 것의 중요성을 역설하는 리더도 있다.

"설명이 두루뭉술하면 요즘 애들은 그 자리에서 '못 하겠어요'라고 말해요. 창의적으로 해보라고 했더니 자신은 창의적이지 않으니 다른 사람에게 맡기래요. 그 친구와 저는 '창의적인 결과물'에 대한 생각이 서로 달랐던 거예요. 제가 말한 창의성은 여러 자료를 살펴보고 다양한 의견을 확인해서 우리에게 적용할 만한 포인트 한두 개를 찾으라는 뜻이었는데, 그 친구가 생각한 창의성은 기존에 없던 완전히 새로운 아이디어를 내야 하는 것으로 이해했더라고요."

출발 전에 필히 지도를!

'알아서 잘해봐'의 저주(?)를 피하려면, 빠르게 질주하는 밀레니얼과 일의 호흡을 맞추려면 리더들이 출발 전에 어디로, 왜 가야 하는지, 어떻게 가야 하는지 그림이 그려진 지도를 쥐어주는 것이 좋다. 이와 같은 피드포워드(feedforward)는 실행하기 전에 예상하거나 기대하는 것들에 대한 의견을 주고받는 과정을 의미한다. 피드백이 사후 의견이라면 피드포워드는 사전 의견이라고 할 수 있다.

피드포워드가 중요한 이유는 과거가 아닌 미래를 변화시킬 수 있다는 점이다. 실수나 단점과 같이 개선해야 할 것들을 알려주는 피드백과 달리 피드포워드는 발생할 가능성이 있는 문제의 예방책에 주의를 기울인다. 또 피드백은 결과에 대해 이야기하는 것이므로 일을 수행한 사람이 자신에 대한 비난이나 질책으로 받아들일 소지가 있지만, 피드포워드는 미래의 업무 중심으로 대화가 진행되므로 객관적인 시각을 유지할 수 있다.[38]

그렇다면 밀레니얼에게 피드포워드를 어떻게 적용할 수 있을까?

해당 업무의 경험자와 동행하는 것이 효과적이다.

"리더가 모든 일을 다 알 수는 없죠. 저는 업무를 지시하는 미팅을 가질 때 그 일을 해본 경험이 있는 직원과 같이 들어가요. 그 자리에서 그에게 경험담이나 고충 사항 등을 들려달라고 해요. 주니어 입장에서는 멘토링을 받는 느낌이 들고, 저는 간접적으로 어떤 점이 힘들 것 같고 어떤 결과가 나올 것인지를 미리 가늠할 수 있어서 좋아요."

밀레니얼의 의견을 적극적으로 반영하는 것도 중요하다.

"피드포워드는 저를 위해서도 필요해요. 예전에는 혼자 고민하고 그 결과를 알려주는 걸로 끝이었는데, 고민하는 과정에 밀레니얼을 동참시키는 거죠. '나는 같은 일을 했을 때 이렇게 접근했고, 이런 고충들이 있었고, 이런 결과가 나왔다. 같은 일이지만 지금은 이런 조건이 추가되었으니 어떤 점을 보완하는 게 좋을까?'에 대해 의견을 나누면서 그림을 그려놓으면 이후에 중간 점검을 하기가 훨씬 편해지더군요."

또한 업무의 우선순위와 기대 수준을 현실적으로 알려줄 필요가 있다.

"저는 빨리 끝내야 하는 업무와 그러지 않아도 되는 업무를 사전에 구분해줘요. 여러 사람의 이해관계가 얽혀 있는 일은 속도와 정확성을 동시에 요구해요. 하지만 자료를 찾아야 하거나 정리가 필요한 일은 데드라인을 정해주고 알아서 하게끔 두는 편이에요. 모든 일을 빠르고 철저하게 해야 한다고 강조하기보다는 '이건 이 정도로, 저건 저 정도로' 기대치를 설정해서 알려주는 게 좋아요."

신중한 요청을 위한 피드포워드 체크리스트

1. 일에 대한 기대 수준을 이야기한다.

    −해당 업무의 목적과 의미

    −원하는 결과: 문서 형태, 분량, 파일 형식, 어조와 폰트, 예상 비용 등

2. 참고할 만한 업무 이야기나 자료를 제공한다.

    −과거 사례(결과 및 특이 사항)

    −참고자료 또는 자료의 출처

    −과제 수행에 도움을 줄 전임자나 전문가

3. 점검 일정 및 방법에 대해 협의한다.

    −점검일과 마감일 설정

    −단계별 결과 수준 공유

    −점검 방법

4. 예상되는 장애나 도전 사항을 토의한다.

    −변경이 어려운 것과 자유로운 것

    −다른 업무와의 우선순위

    −시간, 일정, 예산 변경 시 대처 방안

5. 과제 수행의 성공적 마무리를 위해 필요한 사항을 토의한다.

    −리더에게 필요한 것:

    −직원에게 필요한 것:

피드포워드를 할 때는 세세하게 알려주기보다 질문하면서 '합의의 과정'을 거치는 것이 중요하다. 밀레니얼이 이 단계에서 리더와 상의하고 자신의 의견이 반영되는 경험을 하면 더욱 신나게 일에 몰입할 수 있을 것이다. 피드포워드의 목적은 밀레니얼이 보다 정확하게, 자기 주도적으로 일하도록 돕고, 불필요한 간섭을 줄이는 것이다. 결과적으로 공통의 이해 위에서 적절한 속도로 일할 수 있게 해주는 것이다.

Q 늘 같은 실수를 반복해요

"늘 같은 것을 지적하게 되는 경우가 많아요. 그럴 때마나 답답하지요. 번거롭고 괴로운 일이에요."

어느 리더의 말이다. 밀레니얼은 어떻게 생각할까?

"팀장님은 늘 맞춤법을 지적하시는데, 저도 올바르게 써야 한다는 정도는 알아요. 그런데 제가 보여드린 건 초안이고 최종본은 틀림이 없도록 꼼꼼하게 정리하는 편이에요. 그걸 몰라주고 빨간펜 선생님이 되어 한가득 빨갛게 표시해놓으세요. 진짜 중요한 내용에 대한 피드백은 안 주고 지엽적인 것들만 질책하는 느낌이 들어요."

"저는 자료를 많이 보는 편이에요. 인터넷도 뒤지고 영상도 활용해서 최대한 최신 콘텐츠로 채우려고 노력하는데, 윗분이 보기에는 성에 차지 않나 봐요. 이게 최선이냐고 물으시는데. 저는 정말로 최선을 다했거든요."

리더들은 밀레니얼이 주어진 업무에 정성을 다하지 않아 결과가 맘에 들지 않는다고 불평한다. 이 때문에 밀레니얼은 게으르고 일에 몰입하지 않는다는 고정관념을 갖게도 된다. 그렇지만 밀레니얼은 나름의 최선을 다했다고 이야기한다.

계속해서 지적해도 달라지지 않는다는 말과 최선을 다했는데 엉뚱한 걸로 질책한다는 동상이몽은 어떻게 해결할 수 있을까?

구체적인 샘플로 기대 수준을 알려준다.

"조금만 더 고민하면 훨씬 나을 것 같은데 늘 2%가 부족하다는 말들을 많이 하는데, 저는 생각이 달라요. 리더의 수준에서 보니까 부족한 거죠. 주어진 시간에 비해 가져온 결과물이 어떠한지를 봐야죠. 게다가 요즘엔 양질의 콘텐츠들이 넘쳐나서 비전문가들도 보는 눈이 매우 높아졌잖아요. 그러니까 상사가 요구하는 수준을 확실히 알려주는 게 나아요. 샘플을 보여주면 그 이상을 해오던데요?"

피드백 전, 질문으로 밀레니얼의 의도를 파악한다.

"피드백을 줄 때 상사의 생각을 구구절절 이야기하는 건 별로 좋지 않아요. 그냥 잔소리로 들리니까요. 대신 질문이 필요해요. '이 부분은 어떤 생각으로 한 거야?' 하고 물어보면 다양한 대답이 나와요. 자기 의견을 분명하게 말하는 친구도 있고, 기존의 것을 보고 했다고 솔직하게 얘기하는 친구도 있어요. 중요한 것은 제가 질문하면서 그가 취할 방식과 의도를 알 수 있고 그 친구도 '아, 상사가 이런 부분을 중요하게 보는구나' 이해한다는 거예요. 그런 얘기를 충분히 나눈 뒤에 제 의견을 말해요. '자네 의견도 좋지만 여기선 이렇게 가는 것이 좋을 것 같다'고요."

누차 얘기했는데도 개선되지 않아 속상하다면 피드백할 때 제대로 이해했는지 확인해보기 바란다. 이해의 정도가 달라 평행선을 달리는 경우가 적지 않다.

"~하니, ~가 중요해요. ~하게 해주기 바랍니다."
"내가 말한 것을 어떻게 이해했는지 설명해줄래요?"
"정확히 이해했네요. 이에 대해 어떻게 생각해요?"

밀레니얼은 자신이 이해한 대로 말하기 때문에 리더는 그 내용을 들으면서 요청한 부분을 더 강조할 수 있고, 필요하면 보충 설명을 해줄 수도 있다.

05

수시로, 진심으로, 구체적으로

코칭에서는 상대의 강점과 내면의 가치를 알아차림으로써 그를 지지하고 용기를 북돋아주는 '인정' 스킬이 매우 중요하다. 그래서 코칭교육에는 상대의 좋은 점, 고마운 점 등 긍정적인 요소를 찾아 말로 표현하는 '인정 훈련'이 꼭 들어간다.

인정 훈련은 다양한 방식으로 진행된다. 한 참가자에 대해 다른 사람들이 돌아가며 칭찬해주는 칭찬 샤워도 있고, 등 뒤에 백지를 붙이고 인정의 한마디를 쓰는 경우도 있다. 교육이 끝날 때는 감사카드를 주고받으며 서로에게 얼마나 힘이 되는 존재인지를 확인하는 시간도 갖는다.

처음에는 인정이나 칭찬에 익숙지 않은 리더들이 어색해하고 쑥스러워한다. 그러나 시간이 지날수록 상대방의 새로운 장점을 찾기 위해 주의를 기울이고 표현력도 좋아진다.

"인정할 게 없다고 생각했는데 좋은 마음으로 계속 찾아보니 정말 있네요."

"인정을 받으니 굉장히 기분이 좋아지네요. 내가 이렇게 괜찮은 사람이었나 싶어요."

"오랜만에 훈훈함을 느꼈습니다. 이런 말만을 주고받는 회사라…, 생각만 해도 설레요. 그동안 부정적인 말, 비난의 말을 일삼았던 저 자신을 반성하게 돼요."

제아무리 근엄하고 평가와 지적에 익숙했던 리더라도 인정과 칭찬을 경험하면 마음이 따뜻해지면서 자신도 모르게 미소를 짓게 된다.

밀레니얼은 긍정적인 피드백을 바라는 꽃과 같은 존재들이다. 그들에게는 작은 성공에도 진심으로 환호해주는 부모님과 선생님이 있었다. 그런데 사회생활을 시작하면서 그런 지지자들이 줄어들게 되었고, 그러다 보니 인정보다 평가에 적응해야 했다. 잘해보고 싶었던 마음이 상처를 받고 끊임없이 부족한 것을 확인받는 상황에 놓여 긴장의 끈을 놓을 수 없게 되었다. 그래서 그들에게는 칭찬과 인정이 더욱 중요하다.

칭찬은 결과로, 인정은 가능성으로

밀레니얼은 자신이 회사에 필요한 존재인지 늘 알고 싶어 하는데, 리더들은 성과를 내거나 좋은 결과를 보였을 때만 칭찬해야 한다고 생각한다. 그러니 칭찬할 일이 많지 않다는 말을 하게 되는 것이다.

코칭을 진행하다 보면 칭찬도 칭찬이지만 밀레니얼이 바라는 리더의 반응은 인정에 가깝다는 사실을 발견하게 된다. 인정은 그 사람이 성과를 냈든 실수를 했든 그가 지닌 잠재력, 강점, 재능, 성품을 알아보고 긍정적 피드백을 주는 것이다. 칭찬은 다르다. 어떤 행동이나 구체적 결과에 대해 찬사를 보내는 것이다. 긍정적 자극을 준다는 면에서 칭찬과 인정은 비슷하지만 결과에 초점을 맞추는가, 가능성에 집중하는가에 따라 구분된다.

칭찬: ○○ 씨, 이번 신입사원 PT대회에서 1등 했다며? 축하해! 이렇게 우수한 인재가 우리 팀에 들어오다니, 너무 기뻐.

인정: ○○ 씨, 한 팀으로 일하게 돼서 정말 기뻐요. 언제나 당당한 ○○ 씨의 자세가 우리 팀에 새로운 활력소가 될 것 같아요.

인정을 제대로 하려면 상대에게 집중하여 좋은 면을 들여다보려는 노력이 필요하다. 성에 차지 않는 행동이나 태도에 대해 어떤 특정한 기준을 적용하여 '왜 저럴까?'라고 생각하면 부족한 점만 보이게 마련이다. 초점을 조금 달리하면 다른 면을 볼 수 있다. '괜찮은 친구인데 왜 그렇게 행동할까?'라고 생각해보거나 전보다 조금이라도 나아진 점을 찾아 표현해주는 것이 인정이다.

프로그램보다 '랜덤' 인정

회사마다 구성원들의 성과를 축하하기 위한 다양한 이벤트를 실시한다. 공식적인 자리에서 상을 주기도 하고, 여러 사람들 앞에서 치하함으로써 조명을 받게 하기도 한다. 이런 활동이 많을수록 더 긍정적인 분위기가 조성될 수 있다. 그러나 거창한 이벤트를 벌이지 않아도 평소에 작은 관심과 긍정적인 표현만으로도 얼마든지 상대를 인정해줄 수 있다. 밀레니얼이 원하는 인정도 공개적인 상보다 리더가 진정성을 가지고 구체적으로 이야기해주는 것이다.

"팀장님은 저에 대한 관심이 없는 것 같아요. 잘 보이려고 말씀도 잘 듣고 남들이 꺼리는 업무도 도맡아 했는데, 당연하게 생각하시는 것 같아요. 지난번 면담 때도 잘하고 있다고 말씀하셨는데, 뭘 잘하고 있는지 구체적으로 알려주시면 좋겠어요. 제가 어떤 부분에 기여하고 있는지 알고 싶거든요."

"평소에 부정적인 면을 들춰 지적을 자주 하시는 스타일인데, 그런 분이 저에게 최고라고 말씀하시면 진심이 아닌 것 같아요. 딱 보면 알 수 있잖아요? 정말 감동을 주는 분은 조용히 다가와 '나는 네가 참 고맙다'고 말해주세요."

미국의 행동설계 전문가인 칩 히스와 댄 히스 형제는 《순간의 힘》이라는 책에서 타인의 긍지를 창조하는 순간이 바로 인정과 칭찬의 순간이라고 말한다. 그래서 직원들을 치하할 때에도 단순히 제도나 프로그램에 따르는 것이 아니라 인간적이고 개인적인 특성을 가미한 언어를 전달하는 것이 핵심이라고 조언한다.[39] '랜덤(random) 인정'이란 이런 것이다. 사전에 계획된 형식이 아니라 예기치 않게 다가가 상대의 강점을 들어 진심으로 전하는 믿음이다. 이러한 인정이 밀레니얼에게 강한 힘을 발휘한다.

당신은 어떻게 하고 있는가? 어렵게 생각할 필요 없다. 다음의 예를 보고 하나씩 실행하다 보면 그들에게 작지만 큰 격려로 다가갈 수 있다.

- 업무를 기한 내에 끝냈을 때: 제시간에 마무리해줘서 고마워. 덕분에 나도 여유가 생겼네
- 의미 있는 아이디어를 냈을 때: 방금 그 아이디어 참 좋다. 참신해.
- 상사의 말을 귀담아 들었을 때: 집중해줘서 고마워. 도움이 되었으면 좋겠어.
- 다른 직원을 도와주었을 때: 항상 동료들을 생각하는 마음이 보기 좋아. ○○ 씨를 보면 정말 든든해.
- 큰소리로 인사했을 때: ○○ 씨의 밝은 에너지가 우리 팀에 생기를 불어넣는 것 같아.
- 결과를 보여주었을 때: 그동안 고민을 많이 한 흔적이 보여. 이젠 혼자서도 충분히 잘하겠는걸?
- 긴급한 업무를 맡았을 때: 발 벗고 나서주어 고마워. 덕분에 큰 힘을 얻었어.

인정은 어떤 상황에서도 가능하다. 실수하거나 결과가 좋지 않아도 인정할 수 있다. 힘들어도 털고 다시 일어설 수 있게 해주는 힘이 바로 여기에 있다.

- 기대한 결과에 못 미쳤을 때: 괜찮아, 이번 건은 아쉽게 되었지만 최선을 다했으니까.
- 실수를 자책할 때: 좋은 모습을 보이려고 애썼는데 아쉽네. 하지만 성실하게 잘해왔으니 그걸로 됐어.
- 관계 갈등을 겪을 때: 항상 남을 먼저 생각하고 배려하려다 보니 생긴 일이야. 너무 힘들어하지 마.

인정을 잘하는 리더들에게는 몇 가지 특징이 있다. 우선 인정의 표현이 자연스럽고 다양하다. 또 무심하게 그냥 지나치는 법이 없다. "잘했어", "대단해", "멋진데", "고마워", "좋은 생각이야", "덕분에 ~하게 되었어"와 같은 말들로 상대의 행동을 그때그때 긍정해준다. 일찍 출근한 직원에게 "○○ 씨, 일찍 왔네. 부지런해"라거나 "이메일 잘 썼더라. 깔끔하고 명료해서 단번에 이해했어", "항상 먼저 반겨주더라. 사람들이 왜 너를 좋아하는지 알겠어"와 같이 그의 모습 그대로를 인정의 말로 되돌려준다.

진심이 느껴지는 인정을 받은 밀레니얼은 자신이 누군가에게 도움이 되고, 회사에 긍정적인 기여를 하고 있다는 것에 긍지와 신뢰감을 갖는다. 상사가 자신을 생각해주고 좋은 의도로 봐주고 있다는 것에 만족해한다. 리더와의 관계에서 안정감을 느끼는 그는 더욱 자신 있게 일을 추진해나간다.

Q 무슨 말을 해야 할지 모르겠어요

"직원들이 칭찬을 원한다는 것을 잘 알아요. 그런데 기회를 번번이 놓쳐요. 지나고 보면 '아, 그 말을 해줄걸' 하는 아쉬움이 남지요. 진짜 우리 직원들에게 감사하고 참 괜찮은 사람들이라고 생각하는데도 말이죠. 저는 마음을 표현하는 데 서툴러요."

많은 리더가 칭찬이나 인정의 말을 잘 못한다고 말한다. 그럴 수밖에 없기도 하다. 낯설기 때문이다. 과거의 그들에게는 살갑게 칭찬해주거나 인정해주는 리더들이 거의 없었다. 오로지 성과로 자신의 존재를 증명해야 했고, 잘한 점보다는 부족한 점들을 지적받기 일쑤였다. 그러다 보니 감성 능력을 배우고 키울 기회가 없었다. 그러나 지금은 리더의 감성 능력이 요구되는 시대다. 밀레니얼이 바라기 때문이다.

"팀원들은 최선을 다해 각자 맡은 역할을 수행하고 있는데, 팀장님은 늘 결과만 우선시하는 것 같아요."

"고객에게 칭찬을 받았을 때 사람들은 '와 대단하다'고 하는데, 저희 팀장님은 아무 말씀이 없어요. 속으로 '뭐 대단한 일이라고 호들갑이야'라고 생각하시는 것 같아요."

리더에게 필요한 감성 능력을 키우려면 문제 해결을 위한 좌뇌 중심의 사고를 잠시 내려놓고 상대의 감정을 이해하는 우뇌를 가동하여 공감의 느낌을 표현해보는 연습이 필요하다. 방법은 다음과 같다.

칭찬을 잘하는 사람들의 행동을 유심히 관찰한다.

"주변을 둘러보면 특별히 칭찬을 잘하는 사람들이 있어요. 그들이 쓰는 말이나 행동을 관찰해보면 확실히 특별한 뭔가가 있어요. 인정의 언어도 다양해요. '잘했다'는 말도 '최고다', '멋있었다', '당신 덕에 회사 다닐 맛이 난다'는 식으로 표현하지요. 처음엔 저렇게까지 할 필요가 있을까 했는데 그 말을 들은 직원들의 표정이나 팀 분위기가 밝아지는 걸 보니까 '아, 저게 진짜 스킬이구나' 싶더군요."

이메일이나 문자로 인정의 언어를 연습한다.

"요즘 친구들이 원하는 것은 꼭 입으로만 인정하고 칭찬하는 게 아니에요. 개인적인 경험이나 취향을 기억했다가 문자로 보내거나 이메일 회신할 때 짧게 써주는 것만으로도 고마워하더군요. 시간이 없을 때는 보고서를 검토하면서 따로 메모를 남기기도 해요. 어떤 점이 탁월했고, 이런 점은 정말 좋은 접근이라고 써주면 참 좋았다는 반응을 보여요. 말로 하려면 어색한데 이메일이나 문자, 이모티콘을 사용하면 어떤 내용을 쓸까 고민도 하게 되고, 표현도 정제되는 것 같아요."

팀워크 차원에서 인정, 칭찬의 문화를 만들어 나간다.

"인정은 꼭 리더만 하는 게 아니에요. 저는 팀원들이 동참하도록 유도해요. 가령 회의시간에 서로에게 감사한 점 한 가지씩 얘기하게 하거나 칭찬을 한마디씩 하도록 하면 분위기가 확 살아나요."

사람을 문제의 대상으로 지켜보면 고쳐야 할 점만 보이듯, 좋은 사람이라는 관점에서 바라보면 얼마든지 인정할 거리가 눈에 띈다. 평소에 직원들이 하는 말이나 행동을 주의 깊게 관찰하면서 인정할 거리를 찾아보자. 인정은 가장 가성비가 높은 동기부여 방법이다.

06

소통의 사각지대를 없애는
'내려놓음'

오 팀장: 이번 10주년 기념행사는 O월 O일 토요일로 정해졌어요.

팀원들: 네? 토요일요? 그날 약속 있는 사람은요?

오 팀장: 웬만하면 바꾸지 그래. 10주년 행사라 전원 참석해야 해. 모두 그렇게 알고 스케줄에 반영해주세요. 아, 그리고 가족동반이에요. 한 가지 더, 기획팀에서 행사 준비 TF로 팀당 한 명씩 보내달라고 하는데, 우리 팀은 봅시다…, 어이, 김 대리, 요즘에 일 많지 않지? 이번에는 김 대리가 좀 수고해주면 좋겠는데?

김 대리: (당황하며) 네? 저요?

오 팀장: 그래, 왜? 하기 싫어? 이거 때문에 직원들 의견을 일일이 들어볼 시간도 없으니까 웬만하면 김 대리가 그냥 하지? 뭐, 가봐야 별로 할 일도 없을 거야. 회의만 잘 참석하면 돼

김 대리: ……, 네 알겠습니다.

직원들의 카톡 대화

A 헐~, 미친 거 아님? 토요일에 행사한다고?
나 그날 친구랑 여행 가기로 했는데….

B 절망이네요.
저도 그날 약속 있는데….

C 게다가 가족동반이래. 나는 가족
이 없는데.ㅎㅎ

D 토요일 행사는 대체 누구 생각이
지? 주말 근무수당은 주나?

B 에이, 그럴 리가요.

C 그나저나 김 대리 어떡하냐? 지금 완전 정신없는데
기획팀 가서 고생하게 생겼네.

김 대리

저 아무래도 팀장님한테 찍힌 거 같아요.
그러지 않고서야 이렇게 일방적일 순 없죠.

B 진짜? 왜?

김 대리

글쎄요. 지난번 회식 이후로 이상하게 쌀쌀맞게 구시네요.
제가 쓴 보고서 때문에 상무님한테 욕먹어서 그런가?

B 아~ 정말 싫다.ㅠㅠ 못 간다고
하면 어떻게 되는 거예요?

A 그럼 넌 다음에 김 대리처럼 되는 거지.ㅋㅋㅋ

여기서 잠깐. 회사의 중요 행사를 토요일에 한다고 이렇게까지 구시렁거릴 필요가 있느냐고 생각했다면 밀레니얼의 감수성과 동떨어져 있는 것이다. 오 팀장이 눈치가 빠른 리더였다면 팀원들의 표정이나 단어에 담긴 의미를 읽었을 것이다. 그리고 직원들에게도 충분히 설명했을 것이다. 굳이 토요일에 기념행사를 열게 된 이유, 김 대리가 TF에 참여하면 좋은 이유 등에 대해 납득할 수 있게 이야기를 나누었을 것이다. 그러나 오 팀장은 그러지 못했다.

감수성과 소통 능력이 부족한 리더의 조직에서는 불만을 토로하는 은밀한 대화가 직원들의 채팅방을 뜨겁게 달군다. 지금도 많은 밀레니얼이 리더의 말이 끝나기가 무섭게 스마트폰을 부여잡고 열심히 손가락을 움직이고 있을지 모른다.

기성세대는 조직의 방침이나 상사의 지시에 이의를 제기하지 않았다. 다소 비합리적이라고 여겨도 조용히 침묵하는 편이었다. 튀는 사람이 되고 싶지 않고 상사를 피곤하지 않게 하는 게 상책이라고 믿었기 때문이다. 밀레니얼은 어떤 이슈든 있는 그대로의 진실을 원하고 소통의 사각지대가 없기를 바란다. 어떤 과정을 거쳐 결정이 이루어졌는지, 왜 수용해야 하는지, 상사가 원하는 것은 무엇인지에 대해 구체적으로 알고 싶어 한다.

전하라, 있는 그대로의 진실을

사실 오 팀장은 회사의 방침과 자신의 말에 직원들이 반발할 거라고 짐

작은 했을 것이다. 그렇지만 자신이 정한 것도 아니고 경영진에서 결정한 사항이다. 게다가 그들의 불만을 들어주게 되면 회의가 성토의 장으로 변하는 건 시간문제다. 그냥 한 귀로 듣고 한 귀로 흘리는 것이 최선일 수 있다. 그러나 이것은 리더로서 자신의 역할을 '경영진의 대리인'으로 축소시킬 뿐이다.

소통의 사각지대가 감지되었을 때 리더는 어떻게 대처하는 것이 좋을까?

"회사의 방침을 전달했을 때 아무런 동요나 불만 없이 침묵하는 분위기가 제일 무서워요. 마치 기다렸다는 듯 '늘 그렇지 뭐' 하는 소리가 환청으로 들리는 느낌이에요. 이것만큼 나쁜 게 있을까요? '우리 회사는 항상 이런 식이야. 지시만 하고 배경은 설명해주지 않아. 불투명하고 뭔가 감추고 싶은 게 있을 거야'라는 생각을 품게 만드는 게 직원들의 사기와 몰입도를 떨어뜨리는 원인 아닐까요?"

침묵은 조직에 해로운 조짐이다. 질문이든 불만이든 자유롭게 말할 수 있게 해야 한다.

"질문이 많거나 불만이 있는 직원들은 그만큼 회사에 관심과 애정이 있다는 증거예요. 그 이슈에 대해 본인이 생각하는 더 나은 방법이 있다는 뜻이죠. 불만이 무엇인지 들어보려는 마음으로 다가가면 의외로 아이디어도 많고 생각이 확고한 친구들의 소중한 의견을 들을 수 있어요."

그리고 이야기를 나누거나 회의할 때 사람이 아닌 문제에 초점을 맞추어야 한다.

"어차피 진실은 다 드러나게 돼요. 어떤 직원의 실수로 계약을 날릴 뻔한 적이 있었어요. 그 친구의 자존심을 생각해서 실수를 덮어주고 아무도 모르게 처리할 수도 있었지만 어차피 다 알게 될 일이라서 공론화했어요. 실수한 직원과 얘기해서 전체적으로 공유했죠. 안 그러면 불필요한 가십거리만 더해질 뿐이에요. 단, 그럴 때 문제에 집중하는 게 중요해요. '최근에 이런 일이 생겼고, 어떤 영향이 있었다. 하지만 현재 어떤 방식으로 수습 중이고, 앞으로는 모두 ~을 주의해야 한다'는 식으로요. 사람에 포커스를 두지 말고 문제에 포커스를 맞추면 비난하는 사람이 없어요."

오 팀장: 이번 우리 회사 10주년 기념행사는 0월 0일 토요일로 결정이 났어요. 가족동반이고 전원 참석하라는 방침이에요.

팀원들: 네? 토요일요? 그날 약속 있는 사람은요?

오 팀장: 표정들을 보아 하니 썩 달갑지 않은 모양이네.

B: 네. 저는 그날 친구랑 여행 가기로 했는데 어쩌죠?

오 팀장: 난감하네. B대리가 빠지면 섭한데. 토요일로 잡은 건 가족동반으로 추진하려니까 그렇게 된 거예요. 어린 자녀가 있는 직원들이 꽤 많거든. 10주년 기념으로 직원들 가족까지 함께 치하하는 분위기로 콘셉트를 잡았다고 해요.

C: 싱글인 저는 그닥 와닿지 않네요. 그런데 전원 참석 방침은 좀 너무해요. 개인마다 사정이 있는 거잖아요.

오 팀장: 맞아요. 정말 부득이한 사정이 있다면 어쩔 수 없겠죠. 그런데 행사를 추진하는 입장에서는 임직원들이 주인공이라고 생각했을 테고, 불참자를 최소화하기 위한 조치가 아니었을까 싶네요. 아, 그리고 기획팀에서 행사 TF를 꾸린다고 하는데, 우리 팀에서도 한 명을 지원해야 하는 상황이에요. 혹시 자발적으로 나서고 싶은 사람

있나요? (아무도 말이 없음) 음, 다들 업무가 바빠서 부담스러운가 보네요. 먼저 내 의견을 말한다면 김 대리가 도와주면 어떨까 하는데…. 물론 내 생각일 뿐이니 다른 의견이 있으면 얘기해요. 김 대리가 예전에 조직문화 관련한 활동을 해보고 싶다고 말한 적이 있었지요? 10주년 기념행사라면 규모도 클 것이고, 다른 팀원들과 일 해보면서 새로운 것도 많이 알게 될 것 같은데, 어때요? 김 대리가 워낙 이벤트에 강한 사람이라 잘해낼 수 있을 것 같은데….

김 대리: 아, 그래요? 저도 TF 일은 좋은 기회일 것 같아요. 근데 제가 지금 B 업무 때문에 조금 정신이 없어서요. 두 가지 다 잘할 자신이 없어요.

오 팀장: 이해해요. 혹시 다른 의견 있는 사람은? 누군가는 참여해야 하는데, 좋은 아이디어 있으면 말해봐요.

C: TF를 꼭 팀당 한 명씩만 가야 하나요? 저희 팀은 돌아가면서 참여하는 건 어떨까요? 김 대리가 하고 싶다고 하지만 정신이 없으니 진행 업무가 어느 정도 정리되면 본격적으로 참여하는 걸로 하고요. 그전에는 돌아가면서 참석하는 거죠. 초반에는 기획 미팅일 테니 잘 듣고 공유해주면 문제없을 것 같아요.

오 팀장: 와, 정말 좋은 아이디어네. 나도 그렇게까진 생각 못 했는데, 이야기해줘서 고마워요. 김 대리는 어떻게 생각해요?

소통의 사각지대는 최대한 빨리 없애야 한다. 그대로 방치하거나 은폐하려고 하면 문제가 더 커질뿐더러 리더 스스로 고립을 자초하게 될 수 있다. 밀레니얼이 알고 싶어 하는 진실이 있다면 있는 그대로 투명하게 알려주는 것이 좋다. 그들은 이슈에 신속하게 연결되고, 자신의 의견을 보태는 일에 더 큰 만족을 느낄 것이다.

"쌔끈한 기획안이 뭐예요?"

> 강 팀장: 그거 어떻게 됐어?
>
> 박 대리: 어떤 거요? 아, A건요?
>
> 강 팀장: 아니, 그거 말고, 있잖아 왜….
>
> 박 대리: 네? 아, B 말씀인가요?
>
> 강 팀장: 아이참, 왜 이렇게 못 알아들어. C 말이야 C. 내가 그거 완전 쌔끈
> 하게 다시 해보라고 했잖아.
>
> 박 대리: 아…, 네, 쌔끈하게…. 음, 더 고민이 필요하겠네요.

밀레니얼은 구체적이고 명료한 메시지를 원한다. 상사가 구체적으로 주문하면 구체적인 결과물로 응하고, 모호하게 주문하면 자의적인 해석으로 일을 수행한다. 질문하고 싶어도 무능하다는 비난을 받는 것이 두려워 섣불리 질문하지 않는 경우도 수두룩하다.

커뮤니케이션 능력이 부족한 리더들은 누구와 대화를 하든 두루뭉술한 표현을 사용한다. 그렇게 말해도 직접 일을 수행하는 사람이 아니라 보고를 받는 입장이니 크게 개의치 않는다. 과거에 자신들이 그랬던 것처럼 상사의 말에서 행간을 읽어내어 적절히 처신하는 것은 직원들의 몫이라고 생각한다. 상사의 모호한 언어 행태에 한 번도 문제를 제기해보지 않았기 때문에 자신도 문제라고 생각하지 않는다. 실은 그것이 가장 큰 문제인데도 말이다.

밀레니얼은 실시간으로 이루어지는 업무적 소통에서 많은 부분이 가려진 채로 진행되는 상태를 참기 어려워한다.

"CEO 간담회나 회사 행사에 참석해보면 수백 명의 임직원들이 있어요. 행사 준비는 정말 잘한 것 같은데 이상하게 윗분들 이야기는 참고 듣기가 어려워요. 도대체 무슨 말씀을 하시는 건지, 핵심이 무엇인지 알 수가 없어요. 처음에는 저의 듣기 능력에 문제가 있는 줄 알았는데 끝나고 나서 동료들과 얘기해보면 다들 핵심을 모르는 눈치더라고요."

"정말 웃기고 슬픈 상황이 종종 벌어져요. 윗분들과 함께 미팅을 하고 나면 실무자들끼리 모여서 다시 미팅해요. 미팅의 목적은 좀 전에 임원분들이 전달한 메시지가 정확히 무엇이었는지 해석하기 위한 거예요. 다들 열심히 받아 적었으니 그 단서들을 가지고 추리하는 거죠."

밀레니얼이 환호하는 유명 스타들을 보면 그들이 어떤 커뮤니케이션 방식을 선호하는지 알 수 있다. 스티브 잡스나 마크 저커버그 등이 사용하는 언어의 특징은 간결함, 명료함, 진정성, 솔직함, 이해하기 쉬운 스토리텔링, 그리고 유머다. 하루아침에 그들의 스타일을 따라 하기란 불가능한 일이지만, 상대의 업무 경험과 숙련도를 고려해서 자신의 메시지를 조절할 수 있어야 한다. 리더의 소통 능력에서 가장 중요한 부분이다. 왜냐하면 듣는 사람의 지식이나 경험에 따라 메시지에 대한 이해와 해석이 다를 수 있기 때문이다. 모호하거나 전문적인 용어를 지양하고, 구체적이고 쉽게 설명해야 한다. 특히 밀레니얼은 상사들과 함께 일해본 경험이 적기 때문에 예시를 들어주거나 비유를 써서 설명해주어야 한다.[40]

위의 대화에서 김 팀장이 말한 '쌔끈한 기획안'을 명료하게 표현한다면 어떻게 될까? '기존의 생각을 깨는 창의적인 기획안', '최근의 트렌드를 반영한 새로운 기획안', '과감한 표현으로 눈길을 끌되 너무 통속적이거나 저렴해 보이지 않는 인상적인 기획안'이라고 설명해주면 훨씬 더 쉽게 와닿지 않았을까?

고구마 리더는 숨기고, 사이다 리더는 알린다

김 이사: 천 과장, 벌써 면담 시즌이네. 그래, 이번 분기는 어땠어?

천 과장: 네, 이사님. 정말 너무 바빴어요. 그런데 늘 저만 바쁜 것 같아요. 제가 담당하는 고객들은 요구 사항이 너무 많아요. 다른 동료들은 저만큼 스트레스를 받지 않는 것 같은데…. 휴우…, 저 이렇게 하는데도 고과 점수를 낮게 받는 건 아니겠죠? 제가 누구보다 열심히 한 거 잘 아시잖아요.

김 이사: 그럼, 잘 알지. 내가 그걸 모를 리 있나.

천 과장: 전 정말 운이 없는 것 같아요. 이 과장은 다른 부서에서 온 지 얼마 안 되었는데도 고객들 잘 만나서 승승장구하잖아요. 저는 밤낮없이 고객들 요구 들어주고 자료 찾아주느라 하루가 금세 가는데. 김 대리는 제가 담당했던 고객들 물려받으니까 얼마나 좋아요. 한편으로 좀 속상해요.

김 이사: 이 과장, 김 대리가 고객들을 잘 만나서 그런 것 같아? 사람 참….

천 과장: 네? 아닌가요? 제가 모르는 다른 문제가 있나요? 저, 정말 이번 고과 잘 받아야 해요.

김 이사: 글쎄, 뭐 문제라기보다는 일하는 방식의 차이겠지. 허 참….

회사가 처한 어려운 현실(매출 부진이나 위기 상황 등)을 알리는 것도 어려운 일이지만, 가장 어려운 일은 상대방이 실망할 만한 진실을 전하는 것이다. 그래서 리더들은 업무 성과에 대해 이야기하는 평가 면담시간이 제일 힘들다고 말한다. 모두 열심히 한 것 같은데 차이를 두기가 쉽지 않다. 또 평가의 결과가 승진이나 연봉 인상과 같은 보상으로 이어지니 더욱 신중할 수밖에 없고, 때로는 이 때문에 역풍을 맞을까봐 두렵기도 하다.

밀레니얼은 평가 절차나 결과의 공정성을 중시한다. 자신의 노력에 비해 결과가 좋지 않거나 말만 번지르르했던 사람이 더 좋은 평가를 받으면 받아들이지 못한다. 고과 기간에 갑자기 부정적인 피드백을 받게 되면 심히 당황하기도 한다. 밀레니얼은 잘한 것도 못한 것도 평소에, 구체적으로, 투명하게, 있는 그대로 이야기해주기를 바란다.

리더는 불편한 피드백일수록 사이다처럼 톡 쏘는 느낌이 들도록 전달해야 한다. 고구마처럼 답답하게 하면 효과는 고사하고 부정적 영향만 낳는다. 이를 위해 리더가 우선적으로 고려해야 할 사항이 '타이밍'이다. 그때 이야기했어야 할 개선점을 한참 시간이 흐른 다음에 알려주는 것은 문제가 있다. 평소에는 아무런 말이 없다가 평가 시기에 문제점을 이야기하는 리더를 밀레니얼은 이해하지 못한다. 속도를 중시하는 밀레니얼의 특성에 맞게 부정적 피드백 역시 적시에, 그때그때, 짧게 해주는 것이 좋다.

두 번째는 피드백의 방식이다. 자존심이 강한 밀레니얼은 자신의 약점이나 잘못에 대해 여러 사람 앞에서 듣기보다 1:1로 마주 앉아 허심탄회하게 이야기하는 것을 선호한다. 사소한 것이라면 메모나 이메일로 알려주는 것도 좋다. 그러나 심각한 문제에 대해서는 적절한 장소에서 충분한 시간을 갖고 솔직하게 의견을 주고받아야 한다.

마지막으로, 불편한 피드백이 변화를 가져오게 하려면 진정으로 밀레니얼의 성장을 바란다는 뜻을 알려야 한다. 믿음을 가지고 후배를 생각하는 선의가 전달되어야 한다.

그렇다면 실제로 사이다 리더들은 어떻게 자신의 선의를 전달했을까?

그들은 먼저 '좋은 사람'이 되겠다는 생각을 내려놓았다.

"비판하기는 정말 쉽지 않아요. 후배들이 솔직하게 얘기해달라고 해도 부정적인 피드백을 입 밖으로 꺼내기는 어려워요. 왜 어려울까 생각해봤는데, 제가 그들에게 '좋은 사람'으로 보이고 싶었던 거예요. 솔직하게 말했을 때의 어색한 분위기를 피하고 싶었던 거죠. 그런데 시간이 지나도 후배들은 같은 실수를 반복한단 말입니다. 알려줘야죠. 일단 내가 항상 좋은 사람으로 보여야 한다는 강박에서 자유로워질 필요가 있어요."

또한 사이다 리더들은 상대의 성장을 위한 것이라는 확신을 갖고 피드백한다.

"초보 팀장 시절에는 좋게 시작했다가도 이야기 도중에 엇나가는 경우가 많았어요. 직원이 반대 의견을 내거나 수용하지 않으려고 할 때는 화가 나고 욱해서 말이 막 나갔어요. '너는 이래서 안 돼', '이렇게밖에 못하냐?'라고 말이죠. 그러고 나면 정말 창피했지요. 다시 생각해봤어요. 선배들로부터 들었던 피드백 중에서 가장 와닿았던 것은 무엇이었는가를.

한 부장님은 정말 저를 위한다는 느낌이 들게 말씀을 하셨어요. '네가 잘할 수 있다는 거 알아. 충분히 잘해낼 수 있어. 하지만 다음 단계로 나아가려면 지금처럼 해서는 곤란해'라는 식으로 말씀하셨죠. 팀원이 잘할 수 있다는 믿음을 갖는 게 중요한 것 같아요."

피드백을 서로의 생각과 입장을 확인하고 이해하는 시간으로 받아들일 필요도 있다.

"요즘 젊은이들은 너무 영악해요. 뭐라고 좀 지적하면 '전에는 이러셨잖아요!', '그땐 그런 말씀 없으셨는데요?'라고 대놓고 말해요. 심지어 옆 팀에서는 리더가 말한 것을 녹음한 직원도 있었어요. 팀장이 한 말을 녹음하거나 이메일 받은 것을 증거자료로 가지고 와서는 리더의 피드백이 부당하다며 항의하는 일이 있었대요. 무서워서 말도 못할 지경이에요. 그래도 어쩌겠어요. 그들이 뭐라고 해도 일단은 들어봐야죠. 전에 말한 것과 지금 지적하는 부분이 어떻게 다른지, 부당하다고 느끼는 부분이 무엇인지 들어보고 나는 어떤 점이 문제라고 생각하는지 이야기해야죠."

마지막으로 사이다 리더들은 밀레니얼이 객관적으로 자신을 돌아보도록 유도한다.

"평가 결과에 민감한 요즘 직원들한테 효과적인 방법을 고민해봤어요. 면담할 때 최대한 객관적으로 자신을 보도록 해주고, 또 상사의 눈으로 보게끔 하는 거죠. 스스로 어떻게 생각하는지, 상사라면 누구에게 높은 점수를 줄 것 같은지, 왜 그렇게 생각하는지를 얘기하다 보면 자신을 미워하거나 나쁜 의도를 가져서 그런 게 아니라는 사실을 수용하게 되죠. 그러다 보면 제가 미처 몰랐던 부분도 알게 되고, 그 친구도 자신을 객관적으로 인식하게 돼요. 다른 직원들과도 이런 과정을 거치면 평가 기준도 근거도 명확해지는 효과가 있어요."

김 이사: 천 과장, 벌써 면담 시즌이네. 그래, 이번 분기는 어땠어?

천 과장: 네, 이사님. 정말 바빴어요. 늘 저만 바쁜 것 같아요. 제가 담당하는 고객들은 요구 사항이 너무 많아요. 다른 동료들은 저만큼 스트레스를 받지 않는 것 같은데…. 휴우…, 저 이렇게 하는데도 고과 점수 낮게 받는 건 아니겠죠? 제가 누구보다 열심히 한 거 잘 아시잖아요.

김 이사: 그럼, 잘 알지. 퇴근시간 후에도 고객들의 문제를 해결해주려고 노력하는 게 쉬운 일이 아니지.

천 과장: 맞아요. C사 담당자는 진짜 매너가 없는데도 최선을 다했어요. 전 정말 운이 없는 것 같아요. 이 과장은 다른 부서에서 온 지 얼마 안되었는데도 고객들 잘 만나서 승승장구하잖아요. 저는 밤낮없이 고객들 요구 들어주고 자료 찾아주느라 하루가 금세 가는데. 김 대리는 제가 담당했던 고객들을 물려받으니까 얼마나 좋아요. 한편으로 좀 속상해요.

김 이사: 그동안 답답한 점이 많았었군. 그런데 천 과장은 다른 직원들이 고객들을 잘 만나서 일이 수월하다고 생각하는군.

천 과장: 네? 아닌가요? 제가 모르는 다른 문제가 있나요? 저, 정말 이번 고과 잘 받아야 해요.

김 이사: 그래, 고과에 신경 많이 쓰는 거 알아. 그런데 자네가 일하는 방식을 보니 조금 아쉬운 점이 있어. 고객사에 보내는 결과물이 그래. 기존 고객이라고 해도 새로운 솔루션을 적용하는 방법은 조금씩 다를 거고 특별히 요청한 배경도 있을 텐데, 표준안을 그대로 보내는 건 문제가 있어. 사실 이 부분은 전에도 자네에게 몇 번 말했던 건데, 계속 그러는 모습을 보고 조금 실망했어. 내가 잘못 알고 있는 부분이 있는가?

천 과장: 음…, 이사님 말씀이 틀리진 않아요. 근데 솔직히 일일이 수정해서 보낼 만한 여유가 없었어요.

김 이사: 그래, 그 부분은 다시 생각해보는 게 좋겠어. 왜 고객들의 요구 사항이 많은지 말이야. 우리 회사가 올 초부터 강조했던 게 뭔지 아나?

천 과장: 고객에게 선도적 역할을 하라는 거요?

김 이사: 그래, 나는 천 과장이 모든 고객에게 표준안으로 접근하지 말고 개개인의 특성을 고려한 제안을 하길 바라. 그리고 그런 경험을 쌓아야 일이 수월하게 진행되지 않을까? AS에 치중하기보다 초기 세팅에 신경을 더 쓰자는 거야.

천 과장: 제가 좀 성급했군요.

김 이사: 열정적으로 빨리 성과를 내고 싶어 하는 자네 마음은 잘 알아. 다만 새로운 제안을 할 때 고객의 상황을 최대한 반영했으면 해. 그러면 어떻게 될까?

천 과장: 일하는 과정에서 고객들의 질문이나 요구 사항이 줄어들 것 같네요. 지금보다 스트레스도 덜할 것 같고요.

김 이사: 그래, 맞아. 지금은 느낌이 어떤가?

천 과장: 글쎄요. 혼난 것 같기도 하고, 저를 생각해주시는 말씀 같아 감사하기도 해요.

김 이사: 내가 앞으로 뭘 도와주면 좋겠어?

천 과장: 사실 맞춤형 제안서를 쓰는 게 좀 힘들어요. 제가 약한 부분이기도 하고요. 이사님께서 어떤 식으로 바꾸면 좋을지 의견을 주시면 수월할 것 같아요.

김 이사: 그래, 좋은 생각이야. 앞으로는 제안 단계에서 함께 이야기를 나눠보자고. 나도 더 신경을 쓸게.

사이다 리더가 되려면 면담 전에 어떤 점이 개선되면 좋을지, 피드백을 통해 어떤 도움을 줄 것인지 명확하게 정리해놓아야 한다. 또한 정리한 피드백을 전할 때는 사실에 기반하여, 상대의 반응을 살펴가며 랠리를 이어가듯 질문과 답을 주고받는 것이 좋다. 그러면 불편할 수 있는 피드백이 고무적인 대화로 바뀌게 될 것이다.

요랄땐

요랑게

Q 싫은 소리 조금 했더니 퇴사한대요

한 밀레니얼이 부정적 피드백을 받은 다음 날, 장문의 편지를 남기고 사라졌다. 기대에 부응하지 못해서 죄송하고, 앞으로 더 잘할 자신이 없어서 그만두겠다는 말과 함께.

밀레니얼은 비판에 민감하다. 상사에게 지적을 받으면 멘붕에 빠져 자신의 감정을 있는 그대로 드러내기도 한다.

"상사의 질책을 듣고 있자니 화가 나서 참을 수 없었어요. 지금 생각해도 얼굴이 화끈거려요."

"솔직하게 말씀해주시는 건 정말 감사한데, 모르겠어요. 억울하기도 하고, 반박은 못 하겠고, 눈물만 나더라고요."

밀레니얼은 비판이나 지적에 익숙한 기존 세대에 비해 부정적 피드백에 대한 민감도가 다르다. 그들은 감정을 숨기고 억압하기보다 있는 그대로 표출하면서 성장했다. 속상하고 억울한 일이 있어도 일단은 참고 봤던 기성세대가 보기에 너무 쉽게 감정을 드러내는 밀레니얼은 어딘가 모르게 미숙하게 느껴진다. 누군가는 그런 면에서 밀레니얼을 '유리멘탈'이라고 말하기도 한다.

밀레니얼은 리더가 업무 차원에서 이야기하는 부정적 피드백에 자신의 존재가 부정당한 것처럼 반응한다. 말로 하는 피드백만이 아니라 리더의 표정이나 제스처, 침묵에도 긴장한다. 금세 얼굴이 붉어지거나, 하루 종일 말이 없거나, 눈도 마주치지 않고 기계적으로 응답한다. 그들을 마주하는 리더들은 불편하고 괴롭다. 이럴 때 리더들은 어떻게 대응하는 것이 좋을까?

샌드위치 기법의 피드백 사용을 주의한다.

"싫은 이야기를 해야 할 때 샌드위치 기법(칭찬을 먼저 하고 부정적인 피드백은 이어서 하는 것)을 사용하라고 하는데, 저는 그 방법에 반대예요. 앞부분의 '좋은 말'에 신경을 쓰게 되면 뒷부분의 중요한 이야기가 묻히는 경우가 많거든요. 좋지 않은 반응이 예상되더라도 해야 할 말은 확실히 전하는 게 좋다고 봐요. 그래도 처음부터 단도직입적으로 이야기할 수는 없으니 '요즘 고생이 많지?'라거나 '항상 고맙게 생각해. 그런데 내가 하고 싶은 말은…' 이렇게 시작해요."

밀레니얼의
눈물에
예민한
반응을 보이지
않는다.

"민감한 이야기를 주고받을 때 우는 친구들이 가끔 있는데, 거기서 흔들리면 안 됩니다. 침묵의 시간을 갖고 티슈를 건네는 정도는 괜찮아요. 그런데 '지금 우는 거야?' 하며 눈물에 큰 의미를 부여할 필요는 없어요. 동정하거나 어이없다는 반응은 최악이에요. 그냥 시간을 갖게 하거나 '원한다면 다음에 얘기해도 좋아'라고 하면서 상황을 마무리하는 게 좋아요."

솔직하고 투명하게 이야기한다는 것은 자신의 감정을 그대로 드러낸다는 의미가 아니다. 솔직하되 단어 선택에 신중해야 하고, 어조에도 주의해야 한다. 밀레니얼에게는 특히 그렇다. 스스로를 중시하는 그들은 다양한 선택지를 갖고 있어 반감이 생기거나 상처를 받으면 참고 버티기보다 자신의 심리적 안정을 위해 떠나는 쪽을 선택할 가능성이 크다. 따라서 함께 배우고 더 나은 결과에 집중하는 방향으로 피드백 시간을 활용할 필요가 있다.

마음의
준비를
할 수 있는
여유를 준다.

"부정적인 피드백을 주기 전에 마음의 준비를 하도록 시간을 주는 편이에요. '내가 ○○○ 씨의 업무 태도에 대해 해주고 싶은 말이 있는데 얘기해도 될까?'라는 식으로요. 이는 저를 위해서도 필요한 일이에요. 최대한 감정을 다스리면서 비난하려는 게 아님을 스스로 리마인드하는 거죠. 적절한 단어나 표현을 정리해보기도 해요."

07

'혼자가 아닌 팀'으로 해결한다

박 팀장: 오 과장, 좋은 소식이 있어. 다른 사람들에겐 비밀로 해야 돼.

오 과장: 무슨 일인데요?

박 팀장: 지난번에 자네랑 이 과장이랑 또 누구더라? 아무튼 자네들이 작성한 소셜미디어전략 기획안, 상무님 승인이 났어.

오 과장: 오! 정말요? 잘되었네요.

박 팀장: 그러게, 잘될 줄 알았다니까. 상무님이 아주 만족해하면서 바로 진행하라고 하시더군. 그래서 말인데, 준비는 여럿이 했지만 추진은 자네가 맡아서 해보는 게 어때? 내가 팔로업해줄 테니까 말이야.

오 과장: 네? 왜요? 사실 처음 시작은 김 대리 아이디어였는데요?

박 팀장: 그렇긴 한데, 잘되면 다른 계열사들에도 추천하실 건가봐. 수행인

력 프로필이 중요하다고 하시면서 자네가 적임자라는 거야. 상무님이 자네를 잘 보셨나봐.

오 과장: 아, 감사하긴 한데…, 난감하네요. 저에겐 좋은 기회지만 기획안 준비할 때 모두 고생했거든요. 솔직히 혼자 해보라고 하면 그 정도로 잘해낼 수 있을지 걱정도 되고요. 저희 셋이 같이 TF로 하면 어떨까요?

박 팀장: 아니, 그래서 내가 도와준다니까?

오 과장은 좋은 기회를 만났지만 선뜻 나설 수가 없다. 기회를 독점하여 자신만 주목받게 되는 상황이 마음에 걸리기 때문이다. 동료들에 대한 미안함이 크지만, 마음 한편으로는 혼자서 독박을 쓰게 될지도 모른다는 걱정도 없지 않다. 또한 상사의 지도를 받으며 일하기보다 뜻이 맞는 동료들과 함께 해나가는 것이 더 낫기 때문이다.

밀레니얼은 이상주의자(idealist)들이다. 의미 있는 일을 통해 변화를 만들어내는 것에 관심이 많다. 그래서 혼자의 힘보다 여러 사람과 함께 아이디어를 찾으며 이상을 현실화하려고 노력한다. 그들은 팀원들과 동등하게 각자의 능력을 발휘하는 '협업' 환경에 만족감을 느낀다. 목표를 달성하는 순간의 기쁨도 중시하지만, 목표를 달성하기 위해 달렸던 여정에 더 큰 가치를 부여한다.

밀레니얼에 대한 리더들의 대표적인 오해 중 하나가 밀레니얼은 개인주의자들이라 집단의 가치를 무시하고 사람들과 상호작용하는 것을 좋아하지 않을 거라는 생각이다. 물론 혼자만의 시간을 즐기고 어울려 일하는 환경을 싫어하는 경우도 있지만, 대부분은 오히려 기성세대보다 더 관계에 민감하며, 누구보다 소속감을 필요로 한다. 그들은 특히 동료들끼리 친해지기 위해 많은 노력을 기울인다. 업무시간 외에도 함께 취미생활을 하거나 고민을 나누는 긴밀한 관계를 만들고자 한다. 그들은 온라인과 오프라인으로 상시 연결되어 최신 트렌드와 회사의 이슈를 공유하는 비밀스러운 관계로 끈끈해진다.

이와 같은 밀레니얼의 연대의식을 조직 차원의 팀워크로 발전시키기 위해 리더들이 해야 할 일이 있다.

"혼자 하도록 두는 것보다 파트너를 붙여주는 게 좋아요. 리더하고만 상대하면 일방적으로 지시만 받거나 자신의 목소리가 묻히니까 능력을 마음껏 펼치지 못하더군요. 그런데 동료가 있으면 이런저런 이야기를 주고받으면서 서로 자극이 되고 분업도 착착 이루어지는 것 같아요. 원칙과 기준만 제시하면 합리적으로 역할을 분담하고 자기 몫을 다하려고 노력해요."

동료들과의 소속감을 일깨워줄 필요도 있다.

"밀레니얼은 조직에 대한 소속감보다 동료들과의 관계에서 오는 소속감을 중요시해요. 그들에게 '회사가 이런 행동을 원한다'고 하면 귓등으로 흘려들어도 '동료들이 이런 행동을 원한다'고 하면 자신의 결정을 미루거나 진지하게 받아들여요."

감시하는 리더, 관찰하는 리더

> 박 팀장: 자네 뜻이 정 그렇다면 할 수 없지. 그럼 자네가 그중 선배니까 리더 역할을 맡아주면 좋겠어.
>
> 오 과장: 네, 그럴게요.
>
> 박 팀장: 그런데 내가 한 가지 걸리는 게 있어. 가만 보면 김 대리는 회의시간에 자주 늦는 편이야. 무슨 생각을 하며 사는지도 도통 모르겠고. 회사에 헌신하려는 마음이 조금도 없는 것 같아. 이 과장은 순둥이라 웃고만 다니고 말이야.
>
> 오 과장: 아, 그건 걱정하지 마세요. 김 대리가 회의에 늦는 이유는 자기 의견을 빼곡히 정리해 오려고 그러는 거예요. 뭐든 완벽하게 준비해야 직성이 풀리는 성격이거든요. 이 과장은 사람들하고 잘 어울리니 이 일에 제격이에요. 특히 영업부 사람들이랑 친하거든요.

우리의 일터는 다양한 사람들이 함께 일하는 곳이다. 능력은 엇비슷할지 몰라도 성향이나 업무 스타일, 관점은 천차만별 뒤섞여 있다. 리더는 이러한 구성원들과 크고 작은 팀을 이끌어 공동의 목표를 달성해야 하는 책임이 있다.

팀워크가 좋다는 것은 무슨 뜻일까? 각자의 기량으로 최고의 성과를 이루는 것일까? 삼삼오오 어울려 다니며 파이팅을 외치는 것일까? A팀을 이끌 때 발휘했던 리더십 스타일이 B팀을 이끄는 데도 똑같이 적용될 수 있을까?

요즘 젊은 직원들은 나이도, 국적도, 입사하기 전의 경험도 모두 다르다. 성격이나 취향이 다른 것은 말할 것도 없다. 이처럼 다양한 스타일의 사람들이 모인 팀을 한 방향으로 이끌어 성과를 낸다는 것은 정말 어려운 일이다. 그 어려운 일을 제대로 수행하려면 먼저 직원들 각자의 스타일을 알아야 하고, 그러려면 그들에 대한 예리한 관찰이 필요하다. 관찰을 통해 그들의 특성, 호오(好惡), 장단점을 정확히 파악할수록 어떤 일을 맡겨야 할지, 어떻게 지원해야 할지, 다름에서 오는 갈등을 어떻게 해결할 수 있을지에 대한 답을 찾을 수 있다.

그런데 관찰과 감시를 혼동하는 리더들이 있다. 관찰과 감시는 모두 '지켜보는 행위'지만 분명한 차이가 있다. 감시는 어떤 윤리적 기준이나 조직의 원칙에 비추어 그릇된 행동을 막기 위한 '단속'에 가깝다. 이와 달리 관찰은 어떤 일을 수행할 때 더 몰입하는지, 고객이나 동료와 커뮤니케이션할 때 자주 쓰는 말이나 대응 방법이 무엇인지, 어떤 이슈에 더 적극적으로 반응하는지와 같은 선호도, 업무 스타일, 대인관계 방식 등을 알아차리는 것이다. 리더는 관찰한 결과를 바탕으로 적절한 과업을 부여하고, 시너지를 낼 만한 파트너를 붙여줄 수 있다.

리더가 예리한 과학자의 눈을 갖게 되면 어떻게 될까?

겉으로 드러나지 않는 속성을 파악할 수 있다.

"어떤 친구는 늘 조용해요. 회의시간에도 먼저 물어보지 않으면 자기 의견을 말하지 않아요. 저희 일은 적극적으로 자신을 드러내며 전면에 나설 필요가 있는데, 그런 모습에 안타까움을 느꼈죠. 그런데 이 친구가 이메일을 쓰거나 자료를 정리한 걸 보고 깜짝 놀랐어요. 어떻게 이토록 논리정

연할 수 있지? 정말로 놓치는 것 하나 없이 모두 다 파악하고 있더라고요. 그 친구를 보면서 생각이 바뀌었어요. '사람은 겉만 봐서는 모르겠구나. 저마다 잘하는 것과 못하는 것이 따로 있구나. 최대한 많이 알아야겠구나' 라고요."

밀레니얼의 개개인별 특성에 더 많은 관심을 기울이게도 된다.

"예전에는 제 일만 끝내면 땡이었는데, 이제는 같이 일하는 사람들이 무엇을 하는지, 무엇 때문에 스트레스를 받는지를 유심히 보게 돼요. 제대로 알지 못한 채 그냥 보고만 받거나 면담을 진행하면 그 시간이 굉장히 고역이더라고요. 그래서 회의할 때에도 직원을 관찰한 내용을 노트에 간단하게라도 메모하는 편이에요."

최고의 '케미'를 찾아서

화학반응을 일컫는 '케미(케미스트리chemistry의 줄임말)'라는 말을 많이 사용한다. 사람들 간의 조화나 화합, 시너지를 가리키는 말이다. 앞의 대화에서도 박 팀장은 김 대리와 이 과장의 스타일을 걱정하지만, 밀레니얼세대인 오 과장은 자신을 포함한 세 사람의 케미가 좋다며 한껏 기대에 부풀어 있다.

보다 나은 성과를 지향하는 리더들은 직원이 잘하는 부분에 대해서는 그 정도면 충분하다고 피드백하고, 못하는 부분에 대해서는 반드시 고쳐야 한다며 지적을 일삼는다. 하지만 개선이 필요한 부분에 초점을 맞추다

보면 직원들 개개인의 장점이나 강점을 사장시켜버리는 결과를 낳을 수 있으므로 주의해야 한다.

몰입도가 높은 조직들을 살펴보면 직원들이 자신의 강점을 최대한 활용하여 성과를 올리는 특성이 나타난다.[41] 어쩌다 약점을 드러내게 되더라도 무시당하지 않는다는 믿음을 가지고 있으며, 조직에 강한 소속감을 느낀다.[42]

밀레니얼의 강점은 앞에서 살펴보았듯이 첨단기술에 익숙하고, 처리가 빠르며, 협업을 즐기고, 투명한 소통을 지향한다는 것이다. 또한 가치 있는 일에 동기부여가 되며, 자신만의 재능을 발휘할 수 있는 흥미로운 과제를 만나면 더 높은 수준의 몰입도를 보여준다.

리더인 당신은 함께 일하는 밀레니얼의 강점과 잠재력에 대해 얼마나 알고 있는가? 그것을 더욱 강력한 팀워크를 만드는 요소로 활용하고 있는가? 그들의 강점을 팀워크로 연결하는 방법은 뭘까?

"저는 숲보다 나무를 살피는 편이었어요. 직원들의 역량을 평가할 때도 꼼꼼하게 일을 처리하면 '잘한다'고 하고, 그렇지 않으면 '일을 못한다'고 판단했죠. 그런데 그게 아니더군요. 저 같은 사람들만 모여 있는 조직에서는 일이 제시간에 안 끝나요. 숲을 보면서 과감하게 밀고 나가는 사람이 없기 때문이죠. 이렇게 빨리 변하는 세상에서 꼼꼼하게만 접근하면 경쟁력이 떨어지는 것 같아요. 너무 세세하게 지적하니까 팀원들이 자신의 개성을 버리고 눈앞의 일에만 매달리더라고요. 저부터 스타일을 바꿔야겠어요."

"어떤 일이든 다 할 수 있을 것처럼 욕심을 부리는 친구가 있어요. 그러다가 막판에 가서 도저히 못하겠다고 드러눕는 일이 몇 번 있었어요. 얼마나 황당하던지요. 그래서 계획적으로 일하는 다른 친구한테 그 친구 일 좀 봐주라고 했어요. 둘이서 자주 붙어 다니기에 그 친구한테 물어봤어요. '나아진 점이 있느냐?'고. 그랬더니 '누군가 옆에서 계속 확인해주니까 미루는 습관이 줄어들었다'고 하더군요. 파트너가 알람 같은 역할을 했던 거죠."

"함께 행사를 준비하다 보면 팀원들의 강점이 확연히 드러나요. 누구는 일정이나 준비물을 잘 챙기고, 누구는 야근하는 동료들을 위해 야식 같은 걸 준비하는 데 뛰어나요. 자료를 꼼꼼하게 확인하는 친구도 있고, 행사 당일에 발군의 실력을 발휘하여 고객들을 편하고 즐겁게 안내하는 친구도 있어요. 각자의 강점을 유감없이 발휘하는 거죠."

리더는 이처럼 자신의 팀을 다양한 저마다의 강점이 빛을 발하도록 이끌 수 있어야 한다.

밀레니얼의 강점을 이끌어내려면

밀레니얼의 다양한 업무 스타일을 이해하고 그들로부터 저마다의 강점을 이끌어내려면 어떻게 해야 할까? 앞서 말한 일상적 관찰과 더불어 성격유형검사나 강점진단과 같은 도구를 사용하여 밀레니얼 각각을 이해하는 단서를 찾아내는 것이 우선이다. 그리고 그들이 어떤 점에서 비슷하고 어떤 점에서 서로 다른지 살펴보면서 개개인의 특성에 맞추어 접근하는 것이 중요하다.

다음은 밀레니얼에게서 흔히 발견할 수 있는 특징적 모습과 리더의 적절한 대응법을 정리한 것이다.[43]

일을 놓지 못하는 밀레니얼

그들은 책임감이 강하다. 워라밸을 우선하는 보통의 밀레니얼과 달리 회사일에 헌신하려 한다. 매우 열정적이고 자신에게 주어진 일을 끝까지 완수하려 든다. 기대 사항을 알려주면 혼자서도 척척 잘해내며 최상의 결과를 내놓는 등 업무의 완성도가 높다. 다만 완벽을 추구하다가 일 처리가 다소 늦어지는 경향이 있으며, 의욕적으로 너무 많은 일을 감당하려다가 번아웃 상태에 빠지기도 한다. 또 기대에 못 미치는 성과를 냈을 때는 심한 자책감에 시달린다.

리더는 매사에 완벽을 기하려고 하고 열정이 지나친 그들의 모습에 그때그때 부응하려 하지 말고 더 중요한 일에 우선순위를 두도록 유도할 필요가 있다. 계획한 것을 제때 완수했을 때는 아낌없이 칭찬하되, 실패했을 때는 질책 대신 격려를 해주는 편이 낫다.

따지기 좋아하는 밀레니얼

그들은 질문이 많다. 어떤 의견이나 결정 사항도 허투루 듣지 않으며, 매사에 논리적이고 분석적인 태도로 임하고 무엇보다 근거를 중시하여 전략이나 아이디어의 허점을 도사처럼 찾아낸다. 하지만 때로 너무 비판적이어서 주변 사람들에게 냉소적으로 보이기 쉬우며, 일하는 과정에서도 끊임없이 의심하면서 상사에게 피드백을 자주 요청하고, 맞는지 안 맞는지를 계속 확인한다.

그들에게는 기대 수준에 대한 분명한 가이드를 제시하고 결정 사항을 알릴 때는 어떤 전략과 절차를 거쳤는지 상세히 설명해주는 것이 좋다. 그들의 강점을 활용하려면 잦은 피드백 요청에 대응하기보다 전략을 세우거나 아이디어를 구체화하는 업무를 맡기고, 때때로 큰 그림을 볼 수 있게 도와주고, 직접 결정할 수 있는 기회를 제공해주어야 한다.

뜬구름 잡는 밀레니얼

개척자나 혁신가의 면모를 지닌 사람들이다. 다소 엉뚱하고 기발한 자신의 아이디어에 큰 자부심을 느끼며 사람들에게 자신이 상상하는 바를 들려주고 싶어 한다. 그들의 흥미로운 이야기가 팀원들의 상상력을 자극하여 조직에 에너지를 불어넣기도 한다. 그들은 기존과 다른 새로운 접근법에 관심이 많고, 서로 다른 영역을 연결짓는 데 능하며, 자유로움을 추구하고, 자신만의 방식대로 일하기를 좋아한다. 자율성이 주어지면 창의적으로 일을 수행하여 누구보다 큰 성과를 낼 수 있는 사람들이다.

리더가 그들과 일할 때 유념할 점은 뜬구름만 잡다가 어떤 것도 실행하지 못하는 사태를 방지하는 것이다. 그들이 자신의 생각과 말을 행동으로 옮길 수 있도록 지속적으로 요구해야 하며, 아이디어를 낼 때에도 현실적이고 실용적인 대안을 함께 제시하도록 유도할 필요가 있다.

은둔과 고립의 밀레니얼

조용히 혼자만의 시간을 즐기는 사람들이다. 새로운 사람을 만나거나 많은 사람들 속에서 일하기보다 혼자서 자신만의 방식으로 해나가는 것을 선호한다. 매사에 신중한 편이다. 그렇다고 그들이 사람들과의 관계에 관심이 없는 것은 아니며, 단지 적당한 거리 유지를 편하게 여긴다고 이해하면 된다.

그들은 자신의 계획에 맞추어 일하기를 좋아하는 스타일로, 세부적인 가이드를 제시해주면 그대로 따를 가능성이 크다. 또한 자신의 존재가 부각되는 것을 원치 않으므로 특별히 대하기보다 조용히 헌신하는 부분이나 근면한 태도에 대해 수시로 인정해주는 편이 낫다. 그들과 일정한 거리를 유지하면서 관심을 갖고 지켜보는 리더가 되어야 한다.

구성원들 사이에서 최고의 케미가 일어나게 하려면 어떤 특성들끼리 연결시키는 것이 좋을까? 이에 대한 정답은 없다. 다만 분명한 사실은 단순한 연결로 파트너를 맺어주는 것이 아니라 업무가 요구하는 경험이나 지식, 스킬 같은 여러 요소를 종합적으로 살펴 최고의 시너지가 일어나도록 해야 한다는 것이다. 이때 리더가 특별히 신경 써야 할 점은 팀의 전체적인 성향이 한쪽으로 쏠리지 않도록 관리하는 것이다.

밀레니얼의 리더십은 무엇이 다른가

이미 많은 밀레니얼이 리더의 위치에 있지만, 더 큰 시너지를 기대한다면 더 많은 밀레니얼에게 리더의 역할을 맡기는 것이 좋다. 그들은 진정으

로 변화를 원하고 변화를 주도하는 역할에 누구보다 큰 관심을 보이기 때문이다.[44]

다양한 의견을 한데 모으고 소통을 바탕으로 문제를 해결해나가는 데 탁월한 밀레니얼 리더들은 기존의 리더들과 다른 방식으로 팀을 이끌어나갈 수 있다. 그들은 자신이 리더라고 해서 더 큰 지위나 많은 권한을 가졌다고 생각하지 않는다. 오히려 동료들이나 신입사원들의 멘토를 자처하며 팀 안에서 참여적이고 민주적인 리더십을 발휘한다.

그렇다면 현재 그들은 자신이 수행하는 리더의 역할에 대해 어떤 생각을 가지고 있을까?

그들은 보다 수평적인 관계를 지향한다.

"저는 작은 팀을 맡고 있는데, 팀장이라고 생각하지 않아요. 그냥 팀원으로 참여할 뿐이죠. 저와 1~2년 정도 차이에 불과한 팀원들은 각기 다른 전문성을 갖고 있고, 서로 존중하면서 일하고 있어요. 오히려 제가 배우는 면이 더 많기 때문에 지시하거나 일방적으로 관리하려고 하지 않아요."

밀레니얼 리더들은 팀원들을 알기 위해 많은 시간을 투자한다.

"팀워크를 향상시키기 위해 개인적인 시간을 많이 들였어요. 대화를 나누고, 그가 어떤 취향을 지녔는지, 무엇을 좋아하는지 알아가는 과정이 많은 도움을 주었지요. 그런데 너무 친해지다 보니 일하는 데 부담으로 작용하는 경우도 있더라고요. 어느 선에서 딱 끊고 일에 집중하자고 하기가 어려워요. 그래도 관계가 돈독하다 보니 어려울 때 서로 힘이 되어주려고 많이 노력해요. 가령 누군가가 힘든 업무를 맡으면 나눠서 도우려고 해요."

또한 그들은 각자의 기대 사항을 최대한 존중해서 반영한다.

"저는 개인이 원하는 방식대로 일하도록 내버려두는 편이에요. 혼자 있는 것을 좋아하는 사람에게는 사람들과의 접촉이 적은 일을 맡기고, 활동적인 것을 좋아하는 사람에게는 외부 미팅에 참석하거나 새로운 사람들을 만나도록 배려해요. 저보다 나이가 많은 사람들도 있는데, 최대한 예의 있게 다가가려고 노력해요. 제가 생각하는 방향에 대해 의견을 구하거나 미리 알려줌으로써 존중을 표현하려고 해요."

Q 자기네끼리 편을 갈라 싸워요

"업무에서 오는 갈등은 프로세스를 바꾸거나 역할을 조정해서 해결이 가능한데, 감정싸움은 진짜 난감해요."
"동료 간 갈등으로 퇴사한 직원들이 있어요."

관계 욕구가 강한 밀레니얼이라도 다 같이 잘 지낼 수는 없다. 서로 존중한다고 해도 원칙이나 가치가 같을 수는 없기 때문이다. 문제는 그들의 연대의식이 특정 소수를 중심으로 형성되어 다른 사람들과 갈등을 유발하는 데 있다.

"다른 건 다 참을 수 있는데, 저를 은근히 따돌리고 견제하는 몇몇 직원들의 태도는 정말 참기가 어려워요. 뭐가 문제인지 알려주지도 않아요. 자기네들끼리만 밥을 먹으러 가고 제가 있는 자리에서는 말도 안 해요. 유치하기 짝이 없어요."

"팀워크가 좋다는데 의심스러워요. 업무적인 이야기 외에는 말도 안 하고, 중요한 정보도 공유하지 않아요. 몇 명이 그런 분위기를 주도하는데, 더 실망스러운 것은 상사가 아무런 조치를 취하지 않는다는 거예요."

결국 실망하고 지친 끝에 마음에 상처를 안고 퇴사를 선택하게 된다. 그들의 퇴사는 유행병처럼 돌고 돌아 조직에 혼란을 일으키고 남아 있는 직원들까지 불안하게 만든다. 사무실에 흐르는 부정적인 기운은 전염성이 강하여 갈등관계에 있지 않은 사람들에게까지 영향을 미치고 팀워크와 성과를 저해한다.[45]

리더들은 곤혹스러울 수밖에 없다. 그러면서도 적극적으로 중재하기보다 감정싸움은 당사자들이 알아서 해결할 문제라며 방관한다. 혹은 가해자와 피해자가 명확하지 않은 상황에서 한쪽을 편들어 다른 쪽을 비난하기도 한다. 그런 리더를 보며 직원들은 낙담하고 마음의 문을 걸어 잠근다. 어떻게 해야 할까?

사실과 스토리를 구분한다.

"저에게까지 신호가 왔다는 것은 상당히 곪아 있는 상태라고 봐야 해요. 오죽하면 리더에게 도움을 요청했을까요. 힘들다고 말하는 사람들의 의견을 다 들어봐야 합니다. 들으면서 '당신이 잘못했네'라는 말은 절대 하지 말고요. 질책도 동조도 하지 않으면서 최대한 객관적으로 들어야 해요. 그들이 말하는 사실관계는 무엇이고, 만들어낸 스토리는 무엇인지에 대해서요."

부정적인 영향에 대해 명확하게 피드백한다.

"문제를 제기하는 직원들의 이야기를 들어보면 양쪽 모두 이해가 가요. 서로 '그럴 만한 이유'가 있었던 거죠. 리더가 저간의 상황을 파악했다면 양쪽에 동일한 피드백을 주어야 합니다. '상황은 충분히 이해하지만, 당신들의 태도가 팀에 부정적인 에너지로 작용하고 있다'고요. 그것을 최소화하기 위해 어떤 점을 개선하기를 바라는지 듣고, 저를 비롯해서 각자의 행동 지침을 세우게 합니다."

퇴사 사례를 공유하고 재발 방지를 위해 함께 노력한다.

"그 친구가 왜 퇴사를 결심하게 되었는지 직원들에게 알려줍니다. 이런 일이 다시는 발생해서는 안 될 것 같은데, 어떻게 하는 게 최선일지 토의도 해요."

리더는 자신의 촉을 발동하여 팀원들의 분위기를 항상 살펴야 한다. 밀레니얼 직원들 사이에 어떤 갈등이 있는지, 갑자기 말수가 줄어든 직원이 있는지, 정보나 자료가 제대로 공유되고 있는지, 무임승차하거나 이기적으로 행동하는 직원은 없는지 등등을 예의주시할 필요가 있다. 그와 더불어 자신을 돌아볼 줄도 알아야 한다. 조직 갈등이 리더로부터 시작될 때도 적지 않기 때문이다. 리더인 내가 업무를 애매하게 분담하지 않았는지, 편애한다고 오해할 만한 행동이나 말을 하지 않았는지, 평소에 부정적이고 비판적인 태도를 취하지 않았는지 등등을 성찰할 수 있어야 한다. 사실 리더의 성찰이 가장 중요하다.

리더가 먼저 자신의 상태를 스스로 점검하고, 조직의 분위기를 살펴 직원들의 이야기를 들어준다면 일터에서의 갈등은 미연에 예방할 수 있다.

생산적 관계를 위해 때로 사용설명서를 작성하여 공유할 것을 권한다. 직원들이 현재의 업무 방식 가운데 열에 아홉은 수용하고 있다고 해도 나머지 하나 때문에 오해와 갈등이 불거질 수 있다. 사용설명서를 활용하여 리더가 중요하게 생각하는 부분을 알리고 지킬 수 있게 만드는 것이 효과적이다. 밀레니얼도 그렇다. 리더의 사용설명서를 통해 중요한 부분을 미리 알 수 있고, 자신의 사용설명서를 통해 무엇을 어디까지 해야 할지 가늠할 수 있다.

리더의 사용설명서(예시)

- 업무가 마감일에 끝나지 못할 것 같으면, 하루 전에 상황을 공유해주세요.
- 외부 미팅 후에는 문자메시지로 간략하게 핵심 사항을 알려주세요.
- 의사결정이 필요할 때는 기본적인 내용을 작성해주세요. 서식은 신경 쓰지 말고 what(무엇이), why(왜 중요한지), how(어떻게 해결 가능한지), so what(그래서, 해결 후에는?)에 대해서만 기술해주세요.
-
-

밀레니얼의 사용설명서(예시)

● 정보 공유 차원에서 보내드리는 이메일이라도 꼭 회신해주세요. 확인하셨는지 궁금

　합니다.

● 간부회의나 타 부서와의 회의에 다녀오시면 핵심 내용을 공유해주세요.

● 따끔한 지적이 필요하다는 것을 알지만, 공개적인 자리에서는 삼가해주세요.

● ....

● ....

한 번 더 진화한 사람들,
I세대가 온다

　머지않아 대다수의 밀레니얼이 핵심 리더가 될 것이다. 인터뷰와 코칭에 참여했던 사람들 중에는 이미 리더의 역할을 수행하고 있는 밀레니얼이 있었다. 그들은 직원이었을 때 느껴보지 못한 부분들을 흥미로운 이야기로 들려주었고, 직원들을 이끌어야 하는 상황에서 기존의 리더들이 가졌던 비슷한 고민들을 털어놓았다. 그것은 위치와 역할이 바뀌면서 자연스럽게 따라오는 변화일 수 있고, 어느 개인의 노력과 희생만으로 일터의 문화를 바꾸는 데 한계가 있다는 사실을 보여주는 방증일 수도 있다. 리더로서 조직을 관리하든, 전문가로서 역량을 펼치든 자신보다 경험이 부족하거나 시각이 다른 사람들을 한 방향으로 이끌어 성과를 낸다는 것은 본래 쉬운 일이 아니기 때문이다.

그렇다면 현재의 밀레니얼이 마주하게 될 다음 세대는 어떤 특성을 갖고 있을까? 그리고 우리는 지금 무엇을 준비해야 할까?

느리게 성장한 아이들

I세대(혹은 Z세대로 불리는)는 1995년에서 2012년 사이에 태어난 이들을 가리킨다(1995~2000년생은 밀레니얼세대와 경계에 있어 비슷한 특성을 보일 수 있으며, 통상적으로 2000년 이후의 출생자를 I세대로 본다). I세대의 I가 인터넷(internet)을 뜻하듯, 그들은 이전의 세대들이 자라면서 인터넷 환경을 받아들인 것과 달리 이미 모든 것이 디지털화된 세상에서 태어났다. 그리고 밀레니얼이 주로 베이비붐세대의 부모를 두었다면, I세대는 주로 X세대의 자녀들이다. 현재 10대 청소년과 20대 초반의 젊은이인 그들은 빠르면 2020년부터 사회생활을 시작할 것이다.

밀레니얼세대를 연구한 진 트웬지 교수는 《i세대》라는 책을 통해 신인류의 탄생을 또 한 번 세상에 알렸다. 그가 정리한 새로운 종족의 특징은 다음과 같다.[46]

I세대는 인터넷이 존재하기 이전의 세상을 알지 못한다. 아침에 일어나서 잠들 때까지 하루의 대부분을 스마트폰에 접속한 상태에서 생활한다. 또래들과의 관계 역시 직접 만나서 뛰어 놀거나 운동하기보다 온라인에서 대화를 나누고, 여럿이 어울리기보다는 집에서 혼자 게임을 하거나 영상을 보는 시간이 훨씬 더 많다.

이러한 환경에서 자라난 I세대를 한마디로 정의하면 '느리게 성장하는 아이들'이라고 할 수 있다. 부모들은 이전 세대들보다 한층 더 아이들을 보호하려 하고, 독립적으로 키우기보다 많은 것들을 대신 해결해주려고 한다. 그 결과, 아이들의 유년기가 더 길어지는 특성이 있다. 이전 세대들이 10대 때 빨리 어른이 되고 싶어 했던 것과 달리 그들은 부모의 관심과 보호가 지속되리라 믿으며, 안락한 가정에 머물기를 원한다. 어쩌면 우리가 그동안 알았던 유년기, 청소년기, 청년기와 같은 발달 단계가 새롭게 수정되어야 할지도 모른다.

I세대는 안전에도 매우 민감하다. 단순한 신체적 위험뿐 아니라 지적, 사회적, 정신적 위험까지 모두 회피하려 들고 조심성이 무척 강하다. 신체적, 정서적 안전을 위해 불안 요소가 있는 일들은 사전에 차단하려 하거나 불편할 수도 있는 상황과 다른 생각을 가진 사람을 기피하게 된다. 따라서 원하는 모든 것을 부모가 제공해주었던 평화의 시기를 지나 사회생활을 시작하게 되면 하나부터 열까지 새로운 도전으로 받아들일 수 있다. 특히 청소년기에 또래들과 긴밀한 관계를 경험하지 못했다면 사회에서 부딪히는 사람들과의 관계에서 심한 고립감을 느끼기 쉽다. 현실의 나와 이상적인 나의 간극을 좁히면서 자신의 주체성을 확립하는 것, 불편한 상황을 피하기보다 직면하는 것, 사람들과 이해관계가 상충할 때 건강한 상생의 방식으로 문제를 해결하는 것이 미래의 인재들에게는 특별한 가치를 지닌 능력으로 떠오를 것이다.

일과 삶의 균형을 대하는 태도에서도 밀레니얼과 I세대는 다른 특성을 보인다. I세대가 자라온 세상은 소득불평등이 더욱 심화되고, 경제 불황의 지속으로 저성장의 기조가 끝날 줄 모르는 환경이었다. 따라서 밀레니얼이 일과 삶에서 자신만의 가치와 의미를 추구하는 데 반해, I세대는 경제적 이슈에 보다 민감한 모습을 드러낸다. 일 외에 다른 삶의 영역에 관심과 에너지를 쏟는 밀레니얼과 달리, 그들은 자신의 생계 기반을 마련하고 경제적 능력을 갖추기 위해 현실적인 태도로 조직생활에 임할 가능성이 크다. 많은 기능들이 인공지능(AI)으로 대체되면서 일자리를 위협하게 될 미래 환경에서는 더더욱 그럴 것이다. 베이비붐세대나 X세대처럼 경제적 자립이나 성공에 대한 열망 때문이 아니라 좋은 일자리를 얻기 위한 치열한 경쟁을 경험할 것이다. 원하는 것을 얻으려면 성공해야 한다는 사실을 알고 있지만, 성공에 대한 열망이나 확신은 강하지 않아 오히려 더 깊은 좌절감을 느낄 수도 있다. 결과적으로 I세대는 안전하고 풍요로웠던 유년기와 청소년기를 지나 온전히 자기 힘으로 인생을 살아가야 하는 성인기를 맞아 큰 두려움과 불안감에 빠질 수 있다.

관계의 허기를 채워주세요

이제 곧 I세대를 신입사원으로 맞이할 밀레니얼과 기성세대는 신인류의 특성을 이해하는 단계를 넘어 어떤 부분을 준비해서 그들의 성장을 지원할 것인지를 고민해야 한다.

I세대는 디지털 기기, 영상, 게임 등을 통해 세상을 이해하고 학습해왔기 때문에 시각과 청각, 추상적 공간감각 능력이 뛰어나다. 그러나 텍스트

를 읽고, 추론하고, 분석하는 능력은 부족할 수 있다. 인터넷에서 자료를 찾고, 편집하고, 채팅하는 데는 막힘이 없겠지만 정보의 사실관계를 기억하지 못하고 과거의 사례나 역사적 교훈을 등한시할 수도 있다. 다른 사람이 처한 상황에 대해 이모티콘으로 감정을 표현하기는 쉽겠지만, 직접 대면했을 때 어떤 표정과 말, 행동으로 공감을 표할 것인가에는 어려움을 느낄 수 있다.[47] 따라서 이들 세대를 신입사원으로 맞았을 때 기본적인 언어 사용이나 소통 능력을 재교육하는 데 많은 투자를 해야 할지 모른다.

미래에 대한 I세대의 불안과 대인관계의 허기를 채워줄 수 있는 정서적 케어(care)에 많은 노력이 요구될 수도 있다. 실제로 현장의 인사·교육 담당자들의 이야기를 들어보면, 최근에 입사한 신입사원들은 사람들 앞에서 '자신의 의견을 논리적으로 설명하는 것'에 큰 부담을 느낀다고 한다. 안정적이지 못한 심리적 요인 탓이다. 그들을 위해 기업들은 '건강한 방식으로 불만 표출하기' 등 직장생활의 적응을 돕기 위한 다양한 제도를 마련하고 있다.

시대가 바뀌고 기술이 발전할수록 기성세대와 밀레니얼 리더들은 계속해서 신인류를 맞게 될 것이다. 우리와 다른 그들을 위해 어떤 새로운 리더십이 필요할까? 바뀌어야 할 것은 무엇이고, 바뀌지 말아야 할 것은 무엇일까? 조직과 사회의 밝은 미래를 위해 우리의 탐구와 고민은 지속되어야 하고, 그 과정에서 '요즘 애들 미스터리'에 적합한 해답도 찾게 될 것이다.

맺는글

지금 우리에게 절실한 리더십, 아니 파트너십

경영자 코칭을 위한 사전 인터뷰를 진행하기 위해 모 기업의 CEO를 만난 적이 있다. 30년 동안 연구원으로 살아온 그는 정년 퇴임 무렵 CEO가 되었다. 평생을 실험 장비와 데이터 속에서 살아왔고, 연구소 운영에만 충실했던 그에게 회사 전체의 경영을 책임지는 일은 쉽지 않았을 것이다. 그런 그에게 코칭을 통해 자신의 어떤 점을 변화시키고 싶은지 묻자 엉뚱한 대답이 돌아왔다.

"저는 솔직히 그래요. 이 자리가 정말 필요한 자리일까? 아니, 세상이 이렇게 변하는데 아직도 사장 밑에 임원, 임원 밑에 부장… 이렇게 층층시하로 한 자리씩 나누어 가지고 비전이 어떻다느니, 고객들에게 감동을 주라느니 한들 듣겠습니까?

이세돌과 알파고가 경기한 거 보셨죠? 저는 그런 생각이 들었어요. 지난 100년간 인간이 기업을 경영하면서 내린 숱한 의사결정들이 있지 않겠어요? 그것들을 시뮬레이션해서 저장해놓는 거예요. 경영 AI 같은 걸 개발하자는 말이에요. 직원들에게 리더가 필요한 건 사실 의사결정 때문 아니겠어요? 어떤 상황이고, 어떤 자원이 있는데, 최선의 결정은 무엇인가를 물으면 경영 AI가 자판기처럼 정답을 내놓는 거예요. 얼마나 좋습니까? 리더십이고 뭐고 백날 떠들어봐야 소용없어요. 아, 제가 너무 나갔네요. 그래서 질문이 뭐라고요?"

CEO의 이 말은 그의 스타일이나 관심 분야, 그에게 꼭 필요하고 적합한 코칭 방향 등에 대한 힌트를 주는 소중한 자료가 되었다. 하지만 그보다 더 흥미로운 점은 '리더의 역할'에 대한 CEO의 문제의식이었다. 그의 생각이 너무 엉뚱하다며 웃어넘길 수 있을까?

세상은 많이 변했지만 여전히 많은 리더들이 변화에 적응하지 못한 채 전통적인 리더십의 틀 안에 갇혀 있는 듯하다. 더 심각한 문제는 이제 막 리더가 된 젊은이들 역시 변화의 주체가 되지 못하는 현실이다. 함께 일하는 사람들의 세계관이 비슷하다면 크게 문제 될 것은 없다. 하지만 앞으로 함께 일하게 될 사람들은 우리와 다른 세계의 사람들이다. 그들이 원하는 리더십은 말 그대로 '판이 뒤집힌' 세상에 맞는 리더십이다.

능력이 뛰어나거나 최고의 성과를 낸 사람이 리더가 되는 시대가 가고 있다. 리더가 되었다고 해서 구성원들의 인생을 리드할 수도, 정답을 내려줄 수도 없다. 판이 뒤집힌 세상에서는 리더와 구성원들이 존중하는 마음으로 서로를 대하고, 부족한 부분을 보완하며, 영감과 지혜를 나누는 서포

터가 되어야 한다. 이 관계의 핵심은 공감과 파트너십이다. 다른 사람의 느낌을 직관적으로 이해하는 능력, 상대방의 니즈(needs)와 잠재력을 발견하는 능력, 작은 일에서도 의미를 추구하며 함께 비전을 만들어가는 능력이 오늘의 우리에게 필요하다.

사람에게는 경영 AI가 가질 수 없는 감성 능력이 있다. 이 고유하고 위대한 능력을 깨우고 키워 개인과 조직의 성장을 조화롭게 이끌어가는 리더십을 발휘해야 한다. 그와 같은 리더십만이 유산이 되어 지금 함께 일하는 사람들뿐만 아니라 우리의 자녀들에게도 세대를 이어 전해질 것이다. 오늘의 노력이 우리를 대신할 그들에게도 뿌리를 내리고, 세상에 선한 영향력으로 남게 되기를 소망한다.

미주

1 '이 일을 평생 해야 하나… 옮겨볼까?' 직장인 사춘기, 동아일보, 2015. 1. 19.

2 위키피디아.

3 위키피디아.

4 이기환의 흔적의 역사, '정조대왕은 지독한 골초였다', 경향신문, 2012. 4. 11.

5 '밀레니얼세대가 열광하는 회사의 5법칙', 한경비즈니스(1110호), 2017. 3. 8.

6 'X세대… Y세대… Z세대… 세대론도 세대 구분 필요?', 조선일보, 2010. 1. 12.

7 전영수, 《세대전쟁》, 이인시각, 2013.

8 지그문트 바우만, 《고독을 잃어버린 시간: 유동하는 근대 세계에 띄우는 편지》, 동녘. 2012.

9 〈커뮤니케이션의 걸림돌, 자기중심성〉, LG경제연구원, 2012. 6. 5.

10 '차세대 리더, 밀레니얼세대에 주목하라', 휴넷 ATD 2016 Debriefing에서 재인용.

11 '(88/18) 서울올림픽 30주년 특집 다큐', https://www.youtube.com/watch?v=cS-MZlwLqYQ

12 '한국 베이비붐세대의 근로생애(Work Life) 연구', 한국노동연구원, 2010.

13 김용태, 《남자의 후반전》, 덴스토리, 2017.

14 '잊혀진 X세대의 비명', 조선일보, 2018. 1. 29.

15 조미진, 《낀 세대 리더의 반란》, 알에이치코리아(RHK), 2014.

16 린 C. 랭카스터 · 데이비드 스틸먼, 《밀레니얼 제너레이션》, 더숲, 2010.

17 '역대 최악 성비 116.5…, 1990년생 백말띠의 비극', 중앙일보, 2018. 2. 3.

18 조남주, 《82년생 김지영》, 민음사, 2016.

19 다음 자료 참고. 〈매거진 밀레니얼〉, 동그라미재단, 2016. / '밀레니얼세대가 추구하는 삶의 가치', 대학내일20대연구소, 2018. / 한나 L. 우블 · 리사 X. 왈든 · 데브라 아르비트, 《더미를 위한 밀레니얼세대 인사관리》, 시그마북스, 2018. / 딜로이트컨설팅, '한국의 밀레니얼, 외국과 어떤 점이 다를까', 한국콘텐츠진흥원, 2016. / 브래드 카쉬 · 커트니 템플린, 《넥스트리더십 3.0》, 글로세움, 2016. / 린 C. 랭카스터 · 데이비드 스틸먼, 《밀레니얼 제너레이션》, 더숲, 2010. / 제니퍼 딜 · 알렉 레빈슨, 《밀레니얼세대가 일터에서 원하는 것》, 박영스토리, 2017. / 허두영, 《요즘 것들》, 사이다, 2018. / 니콜 럽킨 · 에이프릴 페리모어, 《Y세대 코칭전략》, 시그마북스, 2010. / 타파크로스, 《빅데이터로 보는 밀레니얼세대》, 북투데이, 2017. / Jean M. Twenge, 《Generation Me-Revised and Updated: Why Today's Young Americans Are More Confident, Assertive, Entitled-and More Miserable Than Ever Before》, Pocket Books, 2014. / Lisa Orrell, 《Millennials Into Leadership: The Ultimate Guide for Gen Y's Aspiring to Be Effective, Respected, Young Leaders at Work》, Intelligent Women Publishing, of Wyatt-MacKenzie, 2009. / Wendy and Kenneth Schuman, 《Millennials in wonderland》, Grandview, 2017. / 'What Millennials Want From Work', Center for creative leadership(https://www.ccl.org/millennials-want-work/)

20 'Me Me Me Generation', Time, 2013. 5.

21 폴 로버츠, 《근시사회》, 민음사, 2016.

22 사이먼 사이넥, 《나는 왜 이 일을 하는가?》, 타임비즈, 2013.

23 '밀레니얼세대 몰입의 필수 조건, 강점 코칭', HR insight, 2016. 11. 28.

24 '"회사 너무 재미없다" 말한 후배에게 선배가 던진 한마디', 조선일보, 2018. 7. 23.

25 김양은, 《새로운 세대의 등장, 게임 제너레이션》, 커뮤니케이션북스, 2009.

26 '워라밸의 시대, 잘 논다는 것', 뉴필로소퍼(2018. 4)에서 재인용.

27 '직장인 버전 급식체?… 급여체를 아십니까', 한국일보, 2017. 11. 14.

28 16과 동일.

29 리즈 와이즈먼, 《루키 스마트》, 한경비피, 2015.

30 대니얼 골먼, 《EQ 감성지능》, 웅진지식하우스, 2008.

31 토드 로즈, 《평균의 종말》, 21세기북스, 2018.

32 유즈키 아사코, 《나는 매일 직장상사의 도시락을 싼다》, 이봄, 2018.

33 김남인, 《회사의 언어》, 어크로스, 2016.

34 닐스 플레깅, 《언리더십》, 흐름출판, 2011.

35 〈리더가 빠지기 쉬운 리더십 오해〉, LG경제연구원, 2014. 5. 19.

36 스콧 배리 카우프만·캐롤린 그레고어, 《창의성을 타고나다》, 클레마지크, 2017.

37 '직장 내 세대 갈등? 서로 다름을 인정하라… 공개적으로 논의하라', 조선일보, 2015.
12. 5.

38 마셜 골드스미스, 《일 잘하는 당신이 성공을 못하는 20가지 비밀》, 리더스북, 2008

39 칩 히스·댄 히스, 《순간의 힘》, 웅진지식하우스, 2018.

40 고현숙, 《결정적 순간의 리더십》, 쌤앤파커스, 2017.

41 톰 래스·도널드 클리프턴, 《위대한 나의 발견, 강점혁명》, 청림출판, 2017.

42 Jake Herway, 'How to Bring Out the Best in Your People and Company', Gallup
BUSINESS JOURNAL, 2018. 3. 6.

43 코칭경영원 스마트코칭 프로그램

44 Kimberly Fries, '5 Effective Ways To Prepare Millennials For Leadership Roles', Forbes,
2017. 12. 20.

45 〈구성원들의 부정적 감정, 전염성 높다〉, LG경제연구원, 2012. 8. 6.

46 진 트웬지, 《i세대: 스마트폰을 손에 쥐고 자란 요즘 세대 이야기》, 매일경제신문사,
2018.

47 마크 바우어라인, 《가장 멍청한 세대》, 인물과사상사, 2014.

- 김종명, 《리더, 절대로 바쁘지 마라》, 에디터, 2013.
- 김종명, 《리더, 자기 생각에 속지 마라》, 에디터, 2017.
- 대니얼 핑크, 《새로운 미래가 온다》, 한경비피, 2012.
- 돈 탭스코트, 《디지털 네이티브: 역사상 가장 똑똑한 세대가 움직이는 새로운 세상》, 비즈니스북스, 2009.
- 로먼 크르즈나릭, 《인생학교: 일에서 충만함을 찾는 법》, 쌤앤파커스, 2013.
- 아거, 《꼰대의 발견: 꼰대 탈출 프로젝트》, 인물과사상사, 2017.
- 올리버 예게스, 《결정장애 세대》, 미래의창, 2014.
- 장강명, 《표백》, 한겨레출판, 2011.
- 장강명, 《한국이 싫어서》, 민음사, 2015.
- 차드 멩 탄, 《너의 내면을 검색하라》, 알키, 2012.
- 크리스티안 케이서스, 《인간은 어떻게 서로를 공감하는가: 거울뉴런과 뇌 공감력의 메커니즘》, 바다출판사, 2018.